S

Elsemarie Maletzke
Very British!

Unterwegs in England,
Schottland und Irland

Schöffling & Co.

Sechstes bis achtes Tausend 1995

Satz: Photosatz Reinhard Amann, Aichstetten
Druck & Einband: Pustet, Regensburg
ISBN 3-89561-540-4

Inhalt

Very British!

Sehnsucht nach der Insel

Wenn im englischen Fernsehen die Wetterkarte erscheint und die junge Dame freundlich warnt: »Take your brolly!«, breiten sich über der Landes-Silhouette statt grauer Wolken und dicker Tropfen lauter bunte Sonnenschirme aus, als hätte von Southhampton bis zu den Orkney Inseln ein Dutzend Eiscafés neu eröffnet.

Das nenne ich die rechte Art, mit dem Wetter zu spaßen. Doch was wäre England eigentlich ohne den Regen? Nur das halbe Vergnügen. Er läßt die Gärten glitzern und besorgt das Moos auf den Steinen. »Wie sein Regen das Grün des Rasens verdichtet, bringt er auch die Eigenart dieses Volkes erst so recht hervor: Seine Melancholie, seine Bonhomie, seine kindliche Tugend, sein rührendes Laster, seine Schüchternheit, Moral und Skurrilität«, schreibt Hilde Spiel. Regen treibt uns zusammen, unter Vordächer, in Wirtshäuser und Teestuben. Er lehrt Geduld und fördert das Gespräch unter wildfremden Leuten. »Ah well – back to normal«, seufzt die alte Dame in der Pension in Newquay, nachdem sich eine zarte Nieselei, die sich morgens noch als willkommene feuchte Brise äußerte, im Laufe des Tages zum Backsteinregen steigert. Welch ein angemessener Ort ist die Glasveranda ihrer kleinen Pension in Cornwall, um Tee zu trinken, dieses Göttergetränk, das alle zuverlässig labt und aufrichtet, während Gischtwolken über die Uferpromenade schlagen und dicke Möwen jaulend im Kunstflug durch die leeren Straßen geistern.

Und doch kommt das englische Wetter immer dann aufs Tapet, wenn Leute erklären, warum sie nicht auf die britischen Inseln reisen. Wie die englische Küche. Man möchte schon gleich die Hände falten und die Augen verdrehen, wenn sich das Hohnlächeln über Bohnen auf Toast auf ihren Gesichtern ausbreitet. Und es vertieft sich eher noch, wenn ich dagegen ausrufe: Roastbeef und Yorkshire Pudding, Lemon Meringue, Apple Crumble, Toffee, warme Scones mit Himbeergelee und clotted cream – und oh, Fish and Chips, ganz frisch in der Kruste mit etwas Essig, Double Gloucester und Stilton, vor allem Stilton, König unter den Käsen!

Ich gestehe ja, daß ich parteiisch bin, da unheilbar anglophil (die unerfreulichen Aspekte des politischen und wirtschaftlichen Lebens, die mehr Anstoß erregen als nasse Füße und beans on toast wollen wir für heute unbesprochen lassen). Diese Vorliebe erstreckt sich über Lavendelseife, Blüten-Potpourries, Katzenpostkarten, Schlösser mit Gespenstern, den *Wind in den Weiden*, Chintz-Sofas, Schafe in Moorlandschaft, Whisky, Centifolien, viktorianischen Tinnef, Gartenbücher und hat wohl etwas mit der diffusen Sehnsucht nach einem rosenumsponnenen Cottage zu tun.

Es geht mir bei jedem Besuch ein bißchen wie Sophie von La Roche vor zweihundert Jahren, als sie zum erstenmal dort landete: »Ich wurde, als ich auf das Verdeck kam, nicht nur von dem frischen Landwind erquickt, sondern auch von dem Anblick des schön angebauten Landes ergötzt. Schon der Gedanke: ›Du siehst England‹ machte mich vor Freude beben.«

Ich freue mich, wenn ich in dem würdigen schwarzen Taxi sitze und auf der verkehrten Straßenseite zu meinem Bestimmungsort rolle; wenn der Chauffeur mich »love« und den linden Tag einen »Abkocher« nennt und beim Abschied an die Mütze tippt. Die geographische Lage begünstigt offenbar eine selbstverständlichere Freundlichkeit als der Kontinent, größere Gelassenheit sowie die Freiheit zu Eigenwilligkeit und Caprice.

Nur in England kann es eine Gesellschaft wie die »Folly Fellowship« geben, in der Besitzer von architektonischen Gebilden organisiert sind, die in der Regel ebenso unnütz und unbewohnbar wie humoristisch und hübsch sind: ein griechischer Tempel mit Reetdach, die Ruine einer Ritterburg, eine Grotte mit Muschelschalen-Interieur. Im 18. Jahrhundert, als das Pittoreske sehr in Mode war, errichtete man gern derlei romantischen oder rustikalen Krimskram zur Dramatisierung der friedlichen Landschaft; und das 20. macht ihn sich dankbar zu Nutzen. Die amtierende Folly Fellowship gönnt sich übrigens auf ihren Jahresversammlungen einen speziellen Kuchen in Gestalt einer Folly.

»Exzentrik ist nicht, wie langweilige Leute uns glauben machen wollen, eine Form von Verrücktheit, sondern oft eine Art unschuldiger Stolz«, schreibt Edith Sitwell, die Expertin auf diesem Gebiet war. »Geniale und aristokratische Menschen werden häufig als exzentrisch betrachtet, weil das Genie wie der Aristokrat vollkommen unerschrocken und unbeeinflußt sind von den Meinungen und Launen der Masse.«

Sie werden sich kaum an Sir John Ingilby (1709 – 1771) erinnern, dessen Lieblingshunde auf seiner Grand Tour in Italien verstarben, und der sie einbalsamiert in Kisten nach Ripley Castle in Yorkshire senden ließ, samt genauer Anweisung für die Beerdigung (Fackelzug!) im Park. Aber es hat ihn gegeben. Ebenso wie William Beckford, der bei Salisbury dreimal einen neugotischen babylonischen Turm erbauen ließ, der dreimal in sich zusammenstürzte (das letztemal 1825), weil er zu schnell und zu schlampig aufgemörtelt worden war. Oder den Kater Buchanan, dessen Geschichte wir wiederum Edith Sitwell verdanken, der seine Sahne nur dann zu schlecken geruhte, wenn seine Herrin (?), Lady Gosse, ihm kniend die Untertasse reichte. Es gab rasante Erfinder wie den Philosophen Herbert Spencer, der zu seiner geistigen Hygiene ein Paar Ohrenschützer konstruierte, die er immer dann überstülpte, wenn eine in das Spencer'sche Weltbild nicht passende Meinung geäußert wurde, und begnadete Sammler wie Sir John Soane, dessen Londoner Haus in Lincoln's Inn Fields eine Hochburg des gepflegten Spleens samt »Mönchszimmer« und Ausblick auf »Grab« und »Ruine« im Hof darstellt.

Beerdigt ist die Creme der englischen Exzentriker auf Highgate West. Hier schläft der viktorianische Roßschlächter unter der von Wetter und Vandalismus reduzierten Statue eines Pferdchens; den Menagerie-Besitzer deckt sein sanfter Lieblingslöwe Nero; vom Klavierkünstler Thornton blieb der aufgeklappte steinerne Flügel, und der gemeine Feuerwehrmann, der sich offenbar auf einen heißen Ort gefaßt machte, ließ Axt, Spritze und Helm in seinen Stein metzen.

Ihre Enkel im Geist unschuldigen Stolzes und freiwilligen Humors leben fort. Ich denke an die Mitglieder der „Sherlock Holmes Society of London", die in Kostümen von 1890 zu Pilgerzügen in die Schweiz aufbrechen, um an den Reichenbach-Fällen den Tod ihres literarischen Helden zu beweinen. An den schwarzhaarigen, bis zu den Kiemen tätowierten Punk, der in Edinburgh an der Ecke Waverley Bridge steht und auf dem Dudelsack einen furiosen Strathspey spielt, ein schrilles Jubilieren, das bis in die Spitzen seiner Irokesenbürste nachzittert. Oder die Kuratoren des National Fishing Heritage Centre in Grimsby/Humberside, die in ihrem Museum ein »Smellyphone« eingerichtet haben, das dem Anrufer diverse Düfte ins Gesicht pustet: Ein Hauch von Schellfisch steht zur Wahl, salziger Wind oder schwerer Mief aus Diesel und Schweiß, wie er aus den Kojen der Seeleute drang. Die Briten sind da bemerkenswert unempfindlich.

Was ich jedoch höher schätze, ist ihre zarte Seite: Die Liebe zu Gärten und Tieren, zu Küchen und Kaminen, zu Eisenbahnen, Dampfmaschinen, Landwirtschaftsausstellungen, zu ihren alten Mauern und großen Bäumen. Im Frühjahr sind die Wiesen um Leeds Castle blau von Sternhyazinthen; die »Wilderness« von Hampton Court wogt in Narzissen, Magnolien und Rotdorn. Es ist eine Lust, die Augen über die Ziegelmauern mit den alten Spalieren wandern zu lassen, über die Dächer der Cottages bis zu den geschraubten Tudor-Kaminen auf dem

Schloßdach. Alles ist rot und kein Stein von derselben Farbe.

Im Sommer sind es die Senffelder von Suffolk, die in ihrem überwältigenden Gelb die ganze Landschaft auf den Kopf stellen. Am Ende der Lindenallee von Oaksmere Castle liegt ein von gestutzten Eiben umgebenes Rondell, wo man sich mit einem Ploughman's Lunch aus einem dicken Schnitz Käse, Brot, eingelegten Zwiebeln und einem Halben stärken kann. Nach dem Last-Order-Ruf leert sich der Garten wie durch Zauberschlag und das Land scheint in einen Dornröschen-Mittagsschlaf zu sinken. Selbst die Katzen ziehen sich aus dem öffentlichen Leben zurück. Das Schnurren und Klappern hochentwickelter Rasenschurgeräte verstummt; die historischen Stätten werden zugeschlossen; das Bier wird vollends schal. Da bleibt dem Reisenden nichts besseres, als sein Rad an die Hecke zu lehnen, die Arme hinterm Kopf zu verschränken und in den Himmel zu schauen: blau wie Rittersporn, blau wie die junge Themse, wie blue Stilton und Wedgewood-Porzellan. Spannt die Sonnenschirme auf!

»Falls du den Schneid hast, den Speicher zu betreten...«

Humberside und Yorkshire

The Stately Homes of England,
Though rather in the lurch,
Provide a lot of chances
For psychical research –
There's the ghost of a crazy younger son,
Who murdered in thirteen fifty-one,
An extremely rowdy nun
Who resented it ...
Noel Coward

Melanie, robust und rosig, arbeitet erst seit einem dreiviertel Jahr hinter der Bar des *Olde White Harte* in Hull, aber Frida ist ihr schon einige Male begegnet. Wenn zum Beispiel die Gläser auf dem oberen Bord gegeneinanderklirren, oder die Spülmaschine überläuft, obwohl niemand das Wasser aufgedreht hat. – Entschuldige mal, könnte draußen nicht ein Laster vorbeigefahren sein, oder irgendein Schussel doch vergessen haben ... Ein Laster? Wo soll denn am *Olde White Harte* ein Auto vorbeifahren? In diesem Gewirr schulterbreiter Gassen, das sich lediglich vor der Kneipentür zu einem Höfchen mit Ziegelmauern, Kletterwein und Holzbänken öffnet?

Das Etablissement zum weißen Hirsch stammt aus dem 17. Jahrhundert und war bis 1969 ausschließlich männliches Reservat. (»The male reaction was at first one of disgust and shock«, als auch Frauen an die Bar vorgelassen wurden – so die wirtshauseigene Broschüre). Frida war dessenungeachtet schon immer darin zu Hause. Ihren Schädel fand man im ersten Stock unter der Bodentreppe; kein Mensch weiß wann und warum das arme Ding da oben eingeschlossen worden war. Gelb, nackt und ziemlich zahnlos steckt ihr Kopf nun in einem Kasten zwischen Gläsern und Flaschen über der Bar, und wenn jemand die Stühle aus der Kaminecke zerrt, soll Frida recht ärgerlich werden, sich als kalter Hauch oder unvermutete Watschen materialisieren. Und Melanie? Hat sie keine Angst nach der Last Order, wenn sich der schwarzgetäfelte Schankraum leert und sie zum Aufräumen und Gläserpolieren allein zurückbleibt? Keine Spur. Frida sei ein freundliches Gespenst mit einem eingeborenen Recht an dieser Stätte zu spuken, und wenn's weiter nichts ist, als das bißchen Herumklirren und Eishauchen …

Gespenster in England – auf ihre liebenswürdige oder boshafte Art gehören sie zur Folklore. Wenn man sich erst einmal aufmacht, sie zu suchen, spitzen sie aus allen Winkeln hervor. Allein ein paar Tage in Humberside und Yorkshire bringen ganze Geschwader hervor. Diese Landschaft beginnt eher unauffällig zwischen Grimsby und Hull mit einem alten Hafen und einer neuen Brücke – der längsten freischwebenden der Welt – und setzt sich in den sanften Wolds mit famosen Städtchen wie Beverley, Schlössern und Kathedralen fort. Nach Westen hin schließen sich die dramatisch-umwitterten Yorkshire Dales an und nach Norden die Klippen von Flamborough mit ihrem Seevogel-Reservat bei Bempton.

Und überall soll es spuken? Vielleicht nicht gerade auf den Vogelklippen. Im Spätherbst sind da nur ein paar hundert Baßtölpel unterwegs. Dafür kleben neue Zettel an den Zaunpfosten, auf denen nach einem jungen Mann gefahndet wird, der vor Wochen verschwunden ist. Der Park-Ranger reißt sie ab. Der arme Mensch wurde gestern am Fuß der Klippen gefunden.

Auch die Kirchen scheinen weitgehend von Heimsuchung frei. In Beverley Minster führt der Küster, Mr. Thornton, diejenigen, die durch den engen Wendeltreppen-Schacht passen, auf den Turmboden und zeigt ihnen dort, wie die Handwerker vergangener Jahrhunderte Zementsäcke und Bleiklumpen in die Höhe hievten: Er steigt in ein großes Laufrad, marschiert los und setzt damit eine Seilwinde in Gang, die eine rundbehauene Bosse wie einen Pfropfen aus dem Fußboden zieht. Mit flauen Gefühlen beugt sich das Grüppchen übers kreisförmige Geländer und die schwindelnde Tiefe: Orgel, Altar, die Schäfte der gotischen Säulen, kleine Leute, die nicht bemerken, daß man ihnen auf den Scheitel guckt, und ein marmorgepflasterter Fußboden, der dreidimensional wie ein Bild von Escher wirkt.

Woran mag es liegen, daß gerade England für's Übersinnliche anfällig scheint? Ist es durch Klima, Geschichte und eine relative Überversorgung mit Altbauten und eigenwilligen Charakteren begünstigt? Man zeige mir doch bitte anderswo eine Kneipe wie *Nellies* in Beverley, wo im

Barschrank zwar kein Totenschädel aber das auf eine Flasche gezogene Spülwasser der Patronin verwahrt ist, in dem sie geschlagene 40 Jahre herumgepuddelt haben soll. Erst als Nelly in Pension ging, zog sie den Stöpsel raus. Sonst ist unter den niedrigen Decken noch alles beim alten: Gaslicht scheint abends auf die Zecher und läßt sie leicht grünlich wirken, Tische neigen sich wie Sprungschanzen, und in der offenen Feuerstelle rastet lokomotivengleich ein gußeiserner Herd.

Wo es kein Gespenst gibt, sind es die Schatten der Vergangenheit, bei deren Anblick sich das Blut kräuselt. In Hull ist das Haus von William Wilberforce geöffnet, der in England zu Beginn des 19. Jahrhunderts für die Abschaffung des Sklavenhandels sorgte, »big business«, bei dem die Kaufleute von Liverpool allein in zehn Jahren, in denen sie 300 000 schwarze Menschen von Afrika in die Karibik deportierten, 15 Millionen Pfund verdienten (nach aktueller Umrechnung wären das 250 Millionen Pfund.) »Fassen Sie das ruhig an«, sagt die aufsichtsführende Dame. »Heben Sie mal, wie schwer das ist«: die lange Stange mit den eisernen Fußfesseln, eiserne Kragen mit langen Spießen, die verhindern sollten, daß die Gefangenen auf den Trecks zur Küste in den Wald entsprangen, Peitschen, Mauleisen, Brandeisen, der »Belegungsplan« des Zwischendecks ... Ein paar Tage später in York sollte der Führer auf dem abendlichen »Ghost Walk« das Gekicher, das seine Schilderung mittelalterlicher Hexenfolter begleitet, mit dem Hinweis zum Schweigen bringen, daß nur das 20. Jahrhundert noch erfindungsreicher in seinen Martern war.

»Haben Sie ein Gespenst?« – »Natürlich haben wir ein Gespenst.« Im Landhotel *Parsonage* in Escrick bei York wurde auf einer Hochzeitsfeier eine Dame mitfotografiert, die niemand eingeladen hatte. Sie erschien auch lediglich neben dem Widerschein des Blitzlichts in der Fensterscheibe: eine hochgewachsene Gestalt mit einer kleinen Schürze. Eine ehemalige Servierkraft? Nein nein, keiner hatte sie je vorher gesehen. Ob es die Dame ist, deren Strümpfe man beim Umbau zusammengerollt in der Mauer fand – mit gestopften Zehen und einer gestickten Ranke am Knöchel? Dem Manager war der Fund so bedeutend, daß er ihn hinter Glas an die Rezeption hängte, und nun steht sie vielleicht barfuß in ihren Schuhen.

In Ripley Castle bei Harrogate ist es ein Poltergeist, der allerdings nur einmal in Erscheinung trat, als der zugemauerte Kamin im Turmzimmer, in dem er sich offenbar aufhielt, von einer Lady Ingilby aufgebrochen und seiner ursprünglichen Bestimmung zugeführt wurde. In einer Nacht warf er die Möbel um und hängte die Bilder auf den Kopf. Damit war die Ruhestörung geahndet. Nur manchmal fühlen Sir Thomas und Lady Ingilby noch den Boden im Turmzimmer schwanken. Es mag daher rühren, daß die Eichendielen früher die Planken des Kriegsschiffes *Rose* waren, das 1750 abgewrackt wurde, oder daher, daß sie ihre Nase zu tief ins Portweinglas gesteckt haben.

Ripley Castle, seit 1340 in Familienbesitz und zu Teilen noch immer bewohnt, ist eines jener Stately Homes of England, die ihren Besitzer oft das letzte Haar auf dem Kopf kosten. Sir Thomas, der sein Heim neugierigen Besuchern, Konferenz- und Dinnergästen öffnet, beschreibt in seinem Hochglanz-Hausführer die ambivalenten Freuden eines solchen Erbes: »Cousin Frederick hatte es sich niemals leisten können, die Ölheizung, die 1935 installiert wurde, in Betrieb zu nehmen, und eine Reihe harter Winter hat sämtliche Rohre platzen lassen. Die elektrischen Leitungen waren 1948 zum letztenmal durchgesehen worden, und wenn man den Schalter anknipst, erleuchten blaue Blitze das Zimmer... Das Dach – falls du den Schneid hast, den Speicher zu betreten – beherbergt landesweit die größte Kolonie von Klopfkäfern, deren Ahnen dort länger gewohnt haben, als die deinen darunter... Das Leben in einem Schloß ist eine Mischung aus Pomp und Glanz – und schierer harter Arbeit und Frustration. Da gibt es die Geschichte von Mrs. Brudenell auf Deene Park, deren Küche so weit vom Eßzimmer entfernt lag, daß sie das Essen in die Satteltaschen ihres Fahrrads packte und hurtig durch die Korridore strampelte, damit es einigermaßen warm auf den Tisch kam. Ob sie nun stimmt oder nicht... die Unterhaltskosten für Ripley Castle betragen pro Woche 2210 Pfund.«

Für 3,75 Pfund darf der Besucher Haus und Park betreten, den Gainsborough neben dem Kamin, die Chippendale Stühle im runden Salon und den Stiefel eines Cromwell-Kavalleristen auf dem Billardtisch bewundern. Der Blick aus den Fenstern des »neuen« georgianischen Flügels geht über einen großen Teich und gefällig bewaldete Hügel mit einer äsenden Damwildherde. Wie hübsch muß es sein, im Morgenzimmer Tee zu trinken, wenn er einigermaßen heiß ankäme ...

Beverley, entzückend provinziell mit alten Gasthäusern

und trefflichen Antiquariaten, bietet seinen Besuchern einen abendlichen Geisterspaziergang rund um seine gotische Kathedrale. York, auf Römer- und Wikingermauern erbaut, ist geradezu von Gespenstern überfüllt. Nicht einmal für seine Kirchen würde ich die Hand ins Feuer legen. In der Krypta von St. Mary's Abbey soll sich während eines Pogroms im Jahr 1190 eine Jüdin mit ihren Kindern geflüchtet haben, die dort vom Mob aufgespürt und erschlagen wurden. Eine Hausfrau aus Wales, die sich unter Hypnose in diese »Rebecca« zurückverwandelt fühlte, beschrieb die Krypta und das Tor; da aber nichts dergleichen in St. Mary's Abbey existierte, erntete die Dame nur ungläubiges Gelächter – bis, ja bis 1976 ein Arbeitertrupp diese Krypta samt dem Tor ausgrub. Schweigen.

Über York scheint die Zeit weniger hinweggegangen als in ihren putzigen Erscheinungsformen festgefroren zu sein. Die Disneyfizierung schreitet rund um das gotische Münster in den Shambles and Snickelways, voran, Gäßchen, in denen die überkragenden Stockwerke den Himmel verdunkeln. Hinter Butzenscheiben und Hängegeranien verzehren japanische Reisegruppen Roastbeef mit Yorkshire Pudding und zum Nachtisch Spotted Dick (Süßer Brei mit Rosinen). Nichts liegt ferner als das 19. Jahrhundert, als diese malerischen Viertel grauenhafte Pestlöcher waren, ungestreift von einem erwachenden sozialen Gewissen.

Und doch scheinen die Mauern von York von soviel Elend und Verbrechen getränkt, daß es sich immerfort und ungeniert weiter materialisiert. Einer, der sich das Gespensterwesen zur Profession erwählt hat, ist Mark

Graham, der jeden abend am *King's Arms Pub* seinen »Original Ghost Walk« beginnt. Ganz in Schwarz, mit einem abgegriffenen Knotenstock, schreitet der »Geschichtenerzähler« seiner buntscheckigen Truppe voran, deren Gegickel sofort erstirbt, wenn er sich zu Füßen von Clifford's Tower, in Mad Alice Lane oder Judge's Court umdreht und mit klarer, zwingender Stimme berichtet, wo hier die Juden verbrannt wurden und die Steine noch immer bluten; wo dort die Hexen gepfählt und ihre Schreie zu hören sind, wo sich die verschlossene Tür des Richters öffnete und der zu Unrecht Gehenkte hineinschlurfte. »He mustered all his courage and his heart went...« dreimal schlägt sich Mr. Graham dröhnend mit der Faust auf die Brust. Leis sträubt sich uns das Haar. »Tally ho« – ab die Post – sagt Mr. Graham nach einer kleinen Pause, in der möglicherweise die Andeutung eines Lächelns in seinen hellen Augen zu sehen ist, hebt den Stock und führt seine Leute an den nächsten Schreckensort: ein finsteres Abbruchhaus, wo sie durch stinkende Pfützen tappen und über Putzbrocken stolpern. Hier wurde 1902 ein Mann ermordet, zerstückelt und unter den Fußbodendielen versteckt. Der Mörder gestand, aber die Leiche wurde nie gefunden. Einer jungen Gespenstersucherin sei hier einmal ein Nagel durch den Fuß gefahren, ohne daß sie ... und erst ihre blutige Spur...

Hinaus auf die halbwegs beleuchtete Gasse und hinein in die nächste Kneipe! »Mr. Graham, haben Sie schon einmal einen Ihrer Geister gesehen?« Er legt seinen Stock quer über den Tisch und lächelt fein. Nein, denn wenn es so wäre, könne er diese abendlichen Spaziergänge nicht mehr führen. Aber es seien schon Leute dabeigewesen, die eine üble Präsenz gefühlt hätten. Sein Stock sei im übrigen so etwas wie ein Talismann, und wer wolle, dürfe ihn anfassen und sich etwas wünschen – aber! Die ausgestreckten Hände fahren zurück. Er bitte um äußerste Vorsicht, damit der heiße Wille nicht böse Folgen zeitige! Zaghaft rücken die Hände wieder vor (auch die der hohnlächelnden Vernunftsbiester) und ergreifen mit zwei Fingern das Holz. Nur eins: Laß mich bloß gut schlafen heute Nacht!

Englands goldiges Herz

Die Cotswolds

Come into the garden, Maud,
For the black bat, night, has flown.
Alfred Lord Tennyson

Die *Pride of Flanders* ist sicher nicht das größte, neueste und stolzeste Schiff der Flotte, eher ein bewährtes Roß, das Passagiere, Autos und Fracht von Zeebrügge nach Felixstowe und zurück trägt. Wer es schlau anstellt, bekommt für die nächtliche Acht-Stunden-Überfahrt statt der üblichen Innen- eine Fernfahrer-Kabine und ist fein raus. Denn die Trucker – treue und bevorzugte Klientel der Fährgesellschaft – genießen den Blick aufs Meer, haben eine eigene Lounge (samt kreischendem Soft-Porno-TV-Programm) und bekommen einen early-morning-tea ans Bett gereicht. Für den Fall der Fälle wurde eine Bibel an die Wand geschnallt. Zwar ist der Duschvorhang von zweifelhafter Reinlichkeit, Resopal und Polster zeigen Schmauchspuren, aber aus der oberen Koje kann man auf die grün phosphoreszierenden Wellenkämme schauen, die im wandernden Lichterschein das Schiff wie eilige Wasserschlangen begleiten.

Wer braucht einen Tunnel, wenn er so schön hinübergewiegt wird?

Es ist die adäquate Form der Annäherung an ein Land, das sich – Europa hin und her – freundlicherweise für etwas Besonderes hält; das sich Zeitsüchtigen empfiehlt, die gern ein bißchen länger hockenbleiben und gern ein bißchen später aufstehen. Deshalb sind in diesem Fall die eigenen vier Räder die gescheiteste Art der Fortbewegung, vor allem, wenn man dorthin will, wo England vielleicht nicht am englischsten aber am goldigsten ist: in sein grünes Herz. Die Gegend zwischen Bristol, Oxford und Coventry liegt geographisch so tief, daß sie auch Englands Hosenboden heißen könnte. Dafür ist sie aber wiederum zu reinlich und zu öffentlich. In ihrem Kernland, den Cotswolds, liegen Dörfchen aus grauen Sandsteinen mit grauen, von gelbem Moos überkrusteten Dächern und spitzen Giebeln; Zwergenhaushalte, von Geißblatt verhangen und von dickarmigen Glyzinien gefesselt, inmitten Cottage-Gärten, trunken von Pfingstrosen, Levkojen, Rittersporn, Fingerhut und Goldregen, und umgeben von Rasenflächen, die wie Samt aussehen, den man für und wider den Strich gebürstet hat. Ein Bächlein plätschert gern dazwischen her. An der Kirche hängt ein Schild: »Think kindly«.

Dieses treue Herz ächzt unter seiner allgemeinen Beliebtheit. Was es sich an gruseliger Architektur und autogerechten Kreuzungen versagt hat, das trifft es im Gegenzug in Gestalt von monströsen Omnibussen, die zwischen seinen Heckenzäunen den Infarkt herbeiführen, und zu vielen Menschen in farblich unguten Ballonblusen. Nirgendwo sonst kann man geblümte Kaffeewärmer, Keramikkatzen, Duftkissen und handgeformte Seifen in derart verschwenderischer Fülle kaufen. Aber such' mal nach einem Bäcker…

Die Bäder Cheltenham und Leamington Spa, die ihren Höhepunkt des Luxus und der Moden bereits zu Königin Victorias Zeit überschritten hatten, halten ihre weißen Regency-Fassaden hoch. In Hidcote Manor Garden öffnet sich ein Rasenstück zwischen Mauern aus gestutzter Eibe wie eine Bühne: in ihrer Mitte eine Steintreppe, flankiert von Amphoren, im Hintergrund himmelfüllende Buchen. Großer Auftritt. Daneben, klein wie Stuben, Gärten zwischen kugeligen Buchsbäumchen mit überquellenden Rabatten. Abends nimmt man an Gasthauskaminen Platz, in denen nichts Schlechteres als Apfelbaumholz verbrannt wird. Das *Lygon Arms* in Broadway, eine 450 Jahre alte Poststation und ein Hotel vom feinsten, tischt rosa gebratenes Lammkarree in Petersilien- und Senfkruste mit Zuckerschoten und minzgewürzten Kartöffelchen auf. Essen kann ja durchaus glücklich machen. Darf es noch ein wenig mehr Sahne über den Sommerpudding aus roten und blauen Beeren sein? Ein Abendspaziergang führt durch das Arboretum von Westonbirt: Mammutbäume und Zypressen stehen in gefälligen Gruppen am Weg und lenken den Blick auf sanfte grasige Lichtungen. Wenn geschlossen, bittet die Parkleitung, den Eintrittspreis in der »Honesty Box« neben dem Kassenhäuschen zu deponieren.

Die Cotswolds sind eine Augenweide. Aber überall, wo sich zu viele Augen weiden, fühlt man auch Enttäuschung wachsen. Der Idylle benachbart sind spinatgrüne Agrarsteppen und Alleen kranker Eichen, die ihre kahlen Äste aus buschigem Laub recken. Schmutzige Luft und saurer Regen haben in Cirencester die Kirchenfassade aus dem 12. Jahrhundert verwaschen und das romanische Portal von Malmesbury Abbey unrettbar ramponiert. Vom ehemaligen Reichtum der Region, der Woll-Industrie, ist eine einzige Spinnerei übriggeblieben, die reine Cotswolds-Wolle verarbeitet. Die offene Markthalle von Chipping Campden, dessen Händler im 14. Jahrhundert zu den steinreichen Männern Englands gehörten, ist ein Museumsstück mit einem Pflaster wie ein Bachbett. Statt der Schafe rennen nun die Touristen über die *Romantic Road.*

Tröstlich ist, daß neben englischer Tradition auch englische Experimentierfreude in dieser sanfthügeligen, von Leach, Coln und der jungen Themse durchflossenen Landschaft von jeher ihren Humus fand. In Malmesbury stürzte sich der unerschrockene Mönch Elmer vor fast tausend Jahren mit einem Flugapparat vom Turm der Abtei, segelte 200 Meter weit und brach sich beide Beine. Die Royal Airforce führte 1976 anläßlich einer Volksbelustigung den kühnen Sprung noch einmal auf, wobei allerdings der Zweite Techniker Bernard Collins (23) in Kutte, Sandalen und mit Batman-Flügeln an einem Kabel hing und gefahrlos zu Boden zwirbelte.

In Kelmscott lebte Ende des letzten Jahrhunderts der Designer William Morris, Begründer des Arts and Crafts Movements, das gegen monströse Möbel, muffige Portieren und Stoffblumensträuße unter Glasstürzen klare Farben und Formen setzte. Auf seinen Tapeten und Stoffen blühen Cotswolds-Blumen – Iris und Weidenzweige, Ringelblume und Geißblatt, Mohn, Lerchensporn und Hahnenfuß – wie sie schon vor neunhundert Jahren die Mönche von Malmesbury an die Ränder der Codices malten. Die Arlington Mill in Bibury, ein freundliches, rumpeliges Heimatmuseum, hat dem Arts and Crafts Movement ein eigenes Zimmer gewidmet, wo man sich seine Morris-Tapete aus einem aktuellen Musterbuch aussuchen kann. In England bleiben solche wundervollen Dinge lieferbar; allerdings kosten sie eine Kleinigkeit.

»I hate these dresses« sagt das junge Mädchen vor der roten Kordel beim Anblick von Lady Marjorie Greville und der Duchess of Devonshire, die in ihren hochgeschlossenen geschnürten Roben das Herzstück eines Salon-Tableaus bilden, das die Zauberer aus Madame Tussaud's Werkstatt in zwölf Räumen von Warwick Castle eingerichtet haben: eine königliche Wochenend-Party von 1898. Mr. George Cornwallis West beugt aufmerksam seinen schmalen rotblonden Schädel zwischen die Damen auf dem Samtsofa. Die Duchess ist derweil mit ihren Gedanken schon in der nächsten Woche. Man steigt die Treppe hinauf, hört Wasser plätschern und erschrickt, in der offenen Badezimmertür ein Hausmädchen in weißer Schürze und Häubchen über die Wanne gebeugt anzutreffen, wie sie mit dem Handrücken die Temperatur prüft. Sie scheint ebenso vom Fluch der 13. Fee getroffen wie die Herzoginwitwe, der die Zofe die strengen Zöpfe aufsteckt, und die hochbusige Countess of Warwick, die sich im hohen Spiegel des chinesischen Schlafzimmers einen überaus wohlgefälligen Blick zuwirft. Eben noch aus Fleisch und Blut, im nächsten Augenblick aus rosigem

Wachs. Eine kleine herzkribbelnde Erwartung scheint in der Luft zu liegen, Lavendelduft, Zigarrenrauch. Gleich, wenn das Sitzbad ausgeleert, die Frackschleife gebunden, der zweite Handschuh übergestreift und der Saum zurechtgezupft ist, wird man hinuntergehen, wo Signor Tosti schon in die Tasten greift und Clara Butt, die berühmte Altistin, sich einsingt. Seine königliche Hoheit, der Prince of Wales sind anwesend und der junge Winston Churchill, ein bemerkenswert schmächtiges Männchen mit abfallenden Schultern – aber einer großen Zukunft, wie man so hört. Hassenswerte Klamotten? In aufgeschlitzten Hemdhosen und elefantösen Tretern ist man vergleichweise bequemer gekleidet. Aber ist man auch schöner?

Im Garten von Sudeley Castle führt eine lebendige Lady Ashcombe ihren weißen Wolfsspitz aus, der die Nase bedeutend höher trägt als die Hausherrin. Sudeley ist eines dieser wundervollen Stately Homes, die, im 15. Jahrhundert begonnen, immer wieder an- und aufgebaut, vom wechselnden Kriegsglück und den Leidenschaften ihrer Besitzer erzählen. Im 19. Jahrhundert residierte hier Emma Dent-Brocklehurst, die vor keinem Objekt zurückschreckte, das in ihre vielgestaltige Sammlung paßte. In Glasvitrinen sind die Schminkpinselchen und Perücken-Puderzerstäuber, die Brillen, Hutnadeln und Ridikules arrangiert. Hier die Brotkruste aus Vogelfuttersamen ohne spezielle Signifikanz, dort ein Stück des elektrischen Kabels, mit dem die Säule auf dem Place Vendome in die Luft gejagt werden sollte, ein Anschlag, den »Versailler Truppen zunichte machten«. Wem gehörte diese Kordel, jenes Autogramm? Glückliche Emma Dent, die so viel

Platz zum Ausleben ihres Spleens hatte! Glückliche Besucher, die heute den mobilen Feld-Donnerbalken des Generals Brocklehurst ebenso zu würdigen wissen wie den Zahn und die Haarsträhne von Catherine Parr, der sechsten Frau des achten Hein. Sie hatte diesem schrecklichen König ein wenig familiären Frieden geschenkt, ihn überlebt und ist in der Kirche St. Mary's auf Sudeley begraben. Nach Heinrich VIII. Tod war ihr hier ein kurzes Eheglück beschieden, ehe sie im Kindbett starb. Als man 1768 ihren Bleisarg öffnete, soll sie noch recht frisch gewirkt haben, verfiel dann allerdings rasch. Sudely ist eine Schatztruhe mit Bildern von Turner, van Dyck, Rubens, Jan Steen und Miniaturen von Holbein, aber es sind die rührenden Artefakte, das Taufkleid von Elizabeth I. und ihr abgewetzter grüner Stoffsattel, die Weste Charles I. mit ihren Kristallknöpfen, die den Betrachter ins Herz treffen und der Gedanke, daß diese trivialen Dinge die Jahrhunderte frischer überdauert haben als der Ruf ihrer Träger. Wie klein der König war, nur fünf Fuß. Und ohne Kopf dann noch ein Stückchen kürzer.

Über dem Tudor-Parterre voller Centifolien und Albarosen erstreckt sich die Wiese, auf der König Ethelred, der Unfertige, vor tausend Jahren eine Burg errichten ließ, von der kein Stein auf dem anderen blieb. Abgetrennt durch hundertjährige Eibenhecken liegt die Ruine der Bankett-Halle, der die Parlamentarier 1649 das Dach zerschlugen. Vor ihren Mauern haben Lord und Lady Ashcombe eine Verkaufsausstellung für diejenigen ihrer zahlenden Gäste eingerichtet, die ein Rüchlein englischer Gartentradition mitnehmen wollen: Rose de

Meaux, Maiden's Blush, Comte de Chambord, Celestial, Souvenir de la Malmaison, Rosa Mundi – zärtliche Geschöpfe, die schon Heinrich VIII. liebte, ehe er auch ihnen die Köpfe knickte.

Sie finden mich im Langham

London

When in doubt,
always go to the best hotel.
Isadora Duncan

Vor dem Portal parkt ein burgunderroter Daimler, spiegelblank, kugelsicher und mit dem Emblem des Hotels auf dem geöffneten Schlag. An seiner Seite verharrt eine lächelnde Dame im Ausfallschritt, als sei sie im Augenblick des Einsteigens schockgefroren. Ein Page hält zwei leere Koffer fest, während zwei Herren in grünen Capes, einen kecken Fächer am Barett, die Drehtür bewachen. Ein Fotograf hantiert mit Stativen, Leitern und Schirmen. Auf der Verkehrsinsel im Portland Place haben sich einige Neugierige versammelt. »Worauf warten Sie?« fragt mich ein junges Mädchen. »Kommt da jemand?«

Noch nicht, aber gleich. Wenn Sie sich noch etwas gedulden wollen, bis das Foto für den Prospekt im Kasten ist, werden Sie mich dort eintreten sehen, den ersten Gast seit 50 Jahren, genau gesagt, einer von sieben Journalisten, die vor der Eröffnung probewohnen in diesem wiederaufgebauten viktorianischen 400-Zimmer-Ungetüm, einer Kreuzung aus Kaserne und Palazzo, dem alten, neuen Langham.

Als das Grandhotel im Londoner Westend 1865 zum erstenmal eröffnete, war es der zukünftige König Edward VII., der bevorzugt eintrat, und es sah ungefähr so aus wie 126 Jahre später: Die Marmorstufen sind mit Papier belegt, die Rezeption mit Tüchern verhängt, in der Bar steht ein Gerüst, im Ballsaal fällt man über unbefestigte Teppichkanten, und der Brunnen im Palmenhof hat den Schluckauf.

Verehrtester, Sie haben ein prachtvolles Hotel, soll Edward gleichwohl den Direktor beglückwünscht haben. Sein versiertes Auge und sein festlicher Sinn hatten erkannt, daß sich mit dem neuen Grandhotel nicht nur das größte und mondänste, sondern auch das modernste Haus am Platze auftat: Vestibüle, Rauchsalons, das Restaurant im Stil der italienischen Renaissance, weiß, rot und gold, Marmor und Mahagoni, Silber und Kristall, Säulen und Wasserspeier – dazu mit allen technischen Tricks ausgestattet, die die fortschrittsverliebten Viktorianer bezauberten. Eine »Klimaanlage« blies frische Luft durch die Flure, kaltes und warmes Wasser floß in den Bädern, ein Telegrafenbüro verband mit dem Rest der Welt, und »aufsteigende Räumlichkeiten«, die ersten hydraulischen Lifte, schwebten bis in den siebten Stock. Sie müssen geächzt haben unter dem Andrang von zweitausend ausgewählten Neugierigen, die nach dem Prince of Wales im Langham eindrangen: hinauf bis zur Turmsuite und hinab in das Labyrinth aus Küche, Weinkeller, Patisserie, Geschirr-Arsenal, Wäscherei. Hinter den Messinggittern zog das steinerne Treppenhaus vorbei und das eiserne

Geländer mit dem eingeschmiedeten LH. Ach, wer hier absteigen dürfte!

Das Langham prosperierte 75 Jahre lang. Es sah die Reichen, die Adeligen, die Prominenten und die Windigen. Oscar Wilde in seiner Glanzzeit bettete den betrunkenen Kollegen Swinburne auf eine Couch im Foyer. Arturo Toscanini streckte an gleicher Stelle einen lästigen Pressevertreter mit dem Spazierstock nieder. Sir Arthur Conan Doyle gab in seinen Sherlock-Holmes-Geschichten dreimal die Adresse an: »Sie finden mich im Langham …«, das genügte. Wallis Simpson war hier diskret untergebracht, als Edward VIII. seinen Untertanen im Radio mitteilte, er werde nicht König bleiben, »ohne die Frau, die ich liebe«. Napoleon III. langweilte sich im Exil in seiner Suite und baute mit Hilfe des Personals eine »Fernerie« im Hof, ein seltsam sinnloses Gebäude, aus dem zwei Säulen heute in der »Chukka Bar« überleben. »Kannst Du Dir denn kein nettes warmes stickiges Hotel wie das Langham leisten?« schrieb Katherine Mansfield offenbar in Verkennung der Zimmerpreise an eine Freundin. »Da ist man wenigstens eingemummelt und das Badewasser ist heiß und es gibt Leute, die Botengänge machen und so weiter.«

Das Langham überstand den 2. Weltkrieg, bis eine Bombe den Tank auf dem Dach traf und 170 000 Liter Wasser sich durch sieben Stockwerke ergossen. Danach war Schluß mit dem Hotelbetrieb. Die BBC, deren Sendehaus in unmittelbarer Nachbarschaft steht, übernahm die heruntergekommene Pracht, nagelte die Fenster zu, strich die Flure erbsengrün, richtete Studios ein und lagerte Akten im Weinkeller.

Erst 1986 räumte sie die Stätte. Der Hilton-Konzern kaufte das ganze Areal und begann, die alte Schachtel wieder aufzumöbeln; alles in allem ein 127-Millionen-Pfund-Vergnügen. Zwei Flügel wurden abgebrochen und mit allem Komfort hinter der cremefarben sandgestrahlten Fassade wieder aufgebaut. Was heute in Stuck und Blattgold glänzt, ist die Rekonstruktion.

Sie ist so gut wie fertig. Bis zum offiziellen Eröffnungsfest wird noch fleißig geprobt, mit leeren Koffern und Rollenspielen an der Rezeption, mit einer Hausführung für potentielle Kunden, einer Party für 500 Londoner Taxifahrer („Take me to the Langham please") und sieben deutschen Versuchsgästen. Der Hilton-Manager findet es charmant, daß ausgerechnet die Landsleute der »Luftwaffe«, die das Desaster über das Haus brachte, nun wieder die ersten sind, die seinen Luxus genießen, und hebt lächelnd sein Champagnerglas. Dann entgleiten die Gäste in den »aufsteigenden Räumlichkeiten«.

1865 kostete das billigste Bett im Langham 18 Pence; eine Suite um die 20 Shilling, also ein Pfund. Ein Page verdiente drei Shilling vier Pence in der Woche. 130 Jahre später reiht Hoteldirektor Rudi Jagersbacher, ein alerter Österreicher, sein Haus unter die »fünf, sechs besten in London« ein, »aber nicht unter die teuersten – einfach ein angenehmer Ort zum Verweilen.« Angenehm, wenn man vom lieben Baren reichlich hat. Ansonsten ist das Gefüge zwischen dem Zimmerpreis und dem, was man als Mitglied der arbeitenden Klasse monatlich einstreicht, durchaus noch viktorianisch.

Die Lord-Reith-Suite, in die mich ein höflicher Herr

geleitet, hat einen Salon und ein Schlafzimmer, Marmorbad und Gästetoilette. Sie ist eine von 50 Suiten, die alle nach prominenten Gästen der Vergangenheit benannt sind, und verschlänge, wenn's denn der Ernstfall wäre, in einer Nacht zwei meiner Monatsmieten. Die Direktion heißt mich mit Blumen und frisch geschnitzten Früchten willkommen. Zwei Fernsehapparate – wie aufmerksam! Die beiden Minibars sind noch lauwarm, aber im Schampus-Kühler rappeln die Eiswürfel. Das Bett ist fürstlich; die Vorstellung, darin pro Stunde zweihundert Mark zu verschlafen, eher zum Lachen. Was kommt als nächstes? Stutenmilch aus dem Wasserhahn? Eine auf den Gast komponierte Hymne im Radio? – Haben Madam noch einen Wunsch? Sind Madam zufrieden? – Äh, durchaus. Entzückend.

Die Decke im Restaurant »Memories of the Empire« ist perspektivisch mit sich neigenden Palmenkronen und bunten Vögeln ausgemalt, der Nebenraum im maurischen Stil nachempfunden. Die Erinnerungen an das Weltreich sind ausschließlich angenehmer Natur. Küchenchef Tony Breeze hat lange in den »Kolonien« praktiziert. Für uns kocht er Tigergarnelen im krossen Nudelkörbchen mit Koriander- und Chili-Sauce, danach pfeffrigen Rinderbraten Setschuan mit Bohnenquark, Ingwer und schwarzen Bohnen, am Ende ganz englisch Brotpudding mit Pistazien, Aprikosen und Whisky. Was hat er sonst noch auf der Karte? Fisch und traditionell Roastbeef mit Yorkshire Pudding, oder Bangers and Mash, Würstchen mit Kartoffelbrei – für die, denen der Beluga zu den Ohren rauskommt.

Probezeit ist nicht nur für Köche und Kellner. 70 Wachmänner mit quakenden Walkie-talkies testen ihre Sicherheitsvorkehrungen am lebenden Objekt. Morgens um sieben, in der Finsternis hinter schweren Portieren, jault plötzlich die Alarmanlage auf. Hektisches Grabschen nach Lichtschalter und Telefon; im Deshabillé raus auf den Flur – wo mich eine bräsige Cockney-Stimme erreicht: »The previous alarm was a false alarm.« Dampfentwicklung in der Spülküche? Ein Palmwedel, der beim Eintopfen in den Richtstrahl geriet? Bei allen folgenden Alarmtönen verzichtet der Sicherheitsdienst auf entwarnende Durchsagen. Der Gast wird sich schon dran gewöhnen und bald nicht mehr grämen.

Die nächste Überraschung ist der Zimmerkellner, der eine halbe Stunde nach dem falschen Alarm den Frühstückstisch hereinrollt. Ich so strubbelig, soeben dem fürstlichen Bett entstiegen, er so frisch gebügelt, das Steifleinen über dem Unterarm. »Darf ich Ihnen Tee eingießen, Madam?« – Sie dürfen mich ganz schnell allein lassen, junger Mann.

Das offenkundige Mißverhältnis zwischen sieben Gästen und sehr viel Personal (400 werden es einmal sein), führt zu einer relativen Überversorgung. Kaum fällt das abgebrannte Hölzchen in den Aschenbecher, ist schon ein sauberer da. Eine falsche Bewegung, ein suchender Augenaufschlag, und es erscheint ein Mensch, der endlich etwas tun will: auftragen, einschenken, telefonieren, Feuer geben, Hilfe rufen. Am Nachmittag schaut der Room-Service noch einmal mit dem Eiswagen vorbei: »Haben Sie noch Champagner, Madam?« – »Reichlich. Aber könnte ich wohl eine Tasse Tee haben?« Wie bringt man nur zu Hause den Tag ohne diese kleinen Handreichungen herum?

Am nächsten Morgen Frühstück im Palmenhof. Durch das Glasdach schimmert künstliches Tageslicht. Der Brunnen, eine wulstige Angelegenheit auf Nixen-Basis im strengen weiß-grünen Art-Deco-Ambiente, tröpfelt leise unter sich. Im Dämmer der angrenzenden Zaren-Bar sitzen acht Mitglieder der Service-Brigade in Zivil, die mit Kladden und Stoppuhren ihren Kolleginnen in den gestreiften Westen Noten erteilen.

Frühstücks-Dienst nach Vorschrift geht so: »Gast erscheint, innerhalb fünf Sekunden begrüßen, Stuhl rausziehen, Zeitung anbieten, Getränke in drei Minuten bringen, Tassen auffüllen, wenn weniger als halbvoll, benutzte Teller innerhalb einer Minute abräumen!« Unter vielen wachsamen Augen teile ich mein Hörnchen und studiere die Abbildungen britischer Panzer im *Independent.* Schau, schau, draußen in der Welt ist es weniger erbaulich!

Früher war das Langham berühmt für seine Hochzeitsfeiern. Dazu ließ der Zeremonienmeister einen roten Teppich über die Straße zur schönen Regency-Kirche All Souls rollen, auf dem das Paar dann direkt vom Altar zum Buffet schreiten konnte. Die Gruppe, die sich am Montagmorgen in umgekehrter Richtung bewegt, vertraut eher auf die Fußgängerampel am Portland Place. Es sind Herren im Cut und in makellosen Schürzen, Damen in burgunderroten Spenzern und Boys mit Käppis und weißen Handschuhen unter der Achselklappe. Reverend Richard Bewes, der in kultivierter Nonchalance auch einen Empfangschef abgeben könnte, hat das Langham-Personal zu einem nachbarlichen Gottesdienst eingeladen. Seine kleine Predigt steht unter dem Motto »Creative waiting« und stützt sich auf Jesaja 40, Vers 32, ein wahrhaft prophetisches Wort für das Hotel- und Gaststättengewerbe, jedenfalls für seinen aktiven Teil: »... daß sie laufen und nicht matt werden, daß sie wandeln und nicht müde werden.«

»Oh Herr, gib uns Kraft!« betet der Reverend; den einen zum Servieren, den anderen, um ihre Rechnung zu bezahlen.

Die alte Räucherkammer

Edinburgh

Am Vormittag des zweiten Tages gelangte ich auf eine Anhöhe, von wo ich alles Land unter mir zur See abfallen sah, und in der Mitte dieser Abflachung lag auf einem langen Bergrücken die Stadt Edinburgh und qualmte wie ein Kohlenmeiler. Auf dem Schloß war eine Fahne gehißt, und in der weiten Bucht segelten Schiffe oder lagen vor Anker. Beides konnte ich trotz der großen Entfernung deutlich erkennen, und beides ließ mir mein ländliches Herz im Leibe hüpfen.
Robert Louis Stevenson

Die Reise mit dem *Flying Scotsman* ist die einfachste Sache der Welt: 400 Meilen in nur neun Stunden. Glock sieben fegen Sie nach Edinburgh hinein: Princes Street und die Burg, herrlich anzusehn im Sonnenuntergang. Ah! Wir sind eine große Nation!!!« schrieb ein entzückter Mr. Blackwood vor 120 Jahren an einen Freund in London. British Airways braucht heute für die gleiche Strecke 60 Minuten und schwebt über die Pentland Hills ein, ausladende, wie mit braunem Samt bezogene Kolosse, denen der erste Schnee die Buckel weiß bestäubt hat. »Welcome to Edinborough«, spricht der englische Steward, als sei er vorausgeeilt und erwarte uns am Stadttor.

Vom Taxifahrer hört es sich ganz anders an; nicht wie über eine heiße Kartoffel gehaucht, sondern wie Kirschkerne, die aus einem Blasrohr pladdern. Also: Ednbarra. Oder? – »I thank you Edinbr'o«, ruft Sean Connery, Edinburghs berühmtester Milchmann, an diesem Abend im Fernsehen einer vieltausendköpfigen Menge zu, die mit ihm seine Ernennung zum Ehrenbürger feiert, und legt ein Schwerttänzchen auf die Bühne. Sagen wir doch: die schottische Hauptstadt.

Am Caledonian-Hotel schnaufte vor 120 Jahren der *Flying Scotsman* ein. Bahnsteig 1 wird heute von der Hotelbar gleichen Namens überwölbt. Die alte Stationsuhr hängt noch an der Wand. Mr. Blackwood reiste wahrscheinlich erster Klasse. Als Verleger las er unterwegs gern ungestört in Manuskripten, und nun, Glock sieben, ließ er das Fenster herunter und schaute stolz auf seine Stadt: Auld Reekie, die alte Räucherkammer – gelber Nebel, Kohlenrauch aus tausenden von Schloten, die Häuser schwarz angelaufen, aber grandios und unverwechselbar. Auch wer sie zum erstenmal erblickt, preist die Weisheit der Stadtväter und ein gütiges Geschick, das ihr die Einzigartigkeit bis ins 20. Jahrhundert erhalten hat.

287 Stufen sind es bis zur Spitze des Scott Monument. Unten in seiner neogotischen, eingerußten, raketengleichen Folly sitzt Sir Walter ganz in Weiß; auf 61 und einem halben Meter Höhe neigen sich die Außenwände zu einem schulterbreiten Durchschlupf, und dann tritt man

auf eine winzige, windige Galerie hinaus. Edinburgh der schönen Ausblicke! Die einzige Großstadt der Welt, deren Hauptverkehrsstraße einen Park statt einer Häuserzeile zum Gegenüber hat, Princes Street Gardens, ein breiter grüner Graben, an dessen südlicher Flanke sich die Altstadt mit der Burg wie eine Reihe granitgrauer Klippen auftürmt. Am anderen Ufer liegt die »neue« Stadt aus dem 18. Jahrhundert, und der Blick fliegt über ihr perfektes Ebenmaß bis hinunter zum Dockland von Leith und dem großen Nordseetrichter, dem Firth of Forth. Sehr viel näher, im obersten Stock von Jenners viktorianischem Warenhaus, sitzen Damen, die Einkaufstüten unter dem Tisch, und trinken Tee. Durch den grünen Graben fährt noch immer, bemerkenswert diskret, die Eisenbahn und verschwindet in der halb unterirdischen Waverley Station.

Eine große Nation? Eine alte und vorwiegend zerstrittene. Die Pikten türmten um 450 eine erste Bastei auf den Burgberg und nannten sie Dunedin. Vielfach überrannt, zertrümmert und neu befestigt, wurde die Burg im Mittelalter Sitz der schottischen Könige und Geburtszelle des Vereinigten Königreichs. In einem winzigen getäfelten Zimmer brachte Maria Stuart 1566 ihren einzigen Sohn James zur Welt, der nach ihrer Enthauptung und Elizabeth I. Tod Herrscher über England und Schottland wurde. Nebenan liegen die schottischen Kronjuwelen in einem gläsernen Safe »Sind das Repliken?« »Ich hoffe nicht, Madam,« sagt der Wärter.

Die Royal Mile, die sich wie eine Fischgräte vom Kopf – der Burg – bis zum Schwanz – Holyrood Palace – zieht, hat noch immer eine mittelalterliche Anmutung. Zu ihren Seiten streben in drangvoller Enge die Häuser wie Klippen in die Höhe, unterwandert und durchkreuzt von Tunnelgängen, Treppen, Gässchen und Hinterhöfe – Wynds und Closes –, die manchmal mit Buchs und Geißblatt bewachsen, manchmal von einer grüßwilligen Katze bewohnt, oft mit Wäschestangen und Mülltonnen zugeräumt sind. An einem Novembertag, wenn um vier das Licht schwindet und die nassen Pflastersteine im Laternenschein glänzen, läßt sich mühelos ein Auftrieb in schmierigen, unsicheren Gassen herbeiphantasieren. Nur die Reichen genossen früher den Luxus von Fenstern. Schornsteine erklommen nicht die ganze Höhe des Gebäudes, sondern endeten irgendwo unterwegs. Um zehn Uhr abends lief ein Trommler durch das Labyrinth und gab das Signal, daß nun der Spüllicht des Tages entsorgt werden durfte:«Gardez l'eau!« Es flog aus Eimern und Nachttöpfen auf die Gasse. (*Gardelou* heißt noch immer das Müllschiff, das von Leith in See sticht, und seine Kaffeefahrten sind sehr beliebt). Nach dem Trommler wurden die Schweine hinausgelassen, und waren die wieder eingesperrt, kamen die Ratten.

»Nun, Jungen und Mädchen«, sagt Stadtrat John Wilson, der eine Schulklasse durch die City Chambers führt, »könnt ihr euch vorstellen, wie Edinburgh (Ednbarra) damals zum Himmel gestunken hat? Und wie schnell die Pest immer wieder ausgebrochen ist?« Ein dreißigstimmiges ehrfürchtiges »Yeahhh« antwortet ihm. Mr. Wilson macht es gern spannend. Er führt die Achtjährigen durch sämtliche Prunkräume, erklärt die Fresken zur schottischen Geschichte, zeigt die Kronleuchter »von unserer Partnerstadt München«, und weiß genau, daß alle nur darauf brennen, in Mary King's Close hinabzusteigen.

Die City Chambers, die von der Royal Mile aus betrachtet als dreistöckiges georgianisches Gebäude erscheinen, offenbaren sich bei einem Blick in das schluchtentiefe Treppenhaus als eine dieser Klippen, die zwölf Etagen tief am Burgberg kleben. Ihre Grundmauern stützen sich auf die Häuser einer Gasse – Mary King's Close –, die um 1600 – samt der Pestkranken darin – zugemauert wurde. »Wir werden auch das Zimmer sehen, in dem das Skelett eines neunjährigen Jungen im Kamin gefunden wurde. Hatte er versucht zu entkommen? – Ich muß wohl nicht gesondert betonen, daß es dort spukt...« Mr. Wilson öffnet eine Tür mit der Aufschrift »Private« und steigt, mit der Taschenlampe bewehrt voraus und hinunter. 30 Kinder, wispernd wie Mäuse, folgen ihm. Hier ist alles echt. Nicht wie im Whisky Heritage Centre bei der Burg, wo man mit Elektrowägelchen an Figurengruppen von Schwarzbrennern, Schmugglern und Häschern vorbeifährt und künstlicher Whiskyduft eingespielt wird. In Mary King's Close ist wenig zu sehen und alles vorstellbar.

Lediglich ein Teil der 60 Meter langen Gasse ist von Neonröhren erhellt, und in manchen Häusern beleuchtet nur Stadtrat Wilsons Taschenlampe Weg und Wände. Ein Schlachthaus, ein Bäckerladen, eine Taverne. »Und da haben wir den Kamin, durch den der arme Junge hinauskriechen wollte. Aus diesem Zimmer haben einmal zwei tapfere Blindenhunde heulend das Weite gesucht. Seht Ihr die bösen Gesichter im Wandverputz, Jungen und Mädchen?« »Yeahh.« »Natürlich nur ein Zufall, aber wer weiß, vielleicht lösen sie sich und schweben über eure Köpfe ... zu der Erscheinung im blauen Mantel dort hinten in der Ecke.« Ein Schrei aus 30 Kehlen. »Der letzte macht das Licht aus«, ruft Stadtrat Wilson den Flüchtenden hinterher.

Über die Royal Mile kann man heute, abgesehen von den Autos, die von der falschen Seite kommen, gefahrlos kreuzen; von der Camera Obscura zu den Geschäften für Kilts und Kaschmir (zu gesalzenen Preisen); von Gladstone's Land, einem Handelshaus aus dem 17. Jahrhundert, zu Lady Stair's House, einem reizenden kleinen Museum für die schottischen Literaten Scott, Burns und Stevenson; von der Distel-Kapelle in St. Giles (mit dem Dudelsack blasenden Engelchen) zum Haus des Reformators John Knox, der seine katholische Königin Maria Stuart eine Metze des Teufels genannt und ihr das Tanzen verboten hatte. Am unteren Ende der Straße, in Holyrood Palace, hauchte ihr italienischer Sekretär, David Rizzio, unter 57 Dolchstößen sein junges Leben aus. Ein schönes Paar brauner Augen reichte damals schon, um in Adelskreisen schärfste Uneinigkeit zu schüren, und folglich erwarben sich die Schotten in Jahrhunderten ausgezeichnete Reverenzen im Rächen, Intrigieren und Abstechen. Dem 6. Earl of Douglas und seinem Bruder wurde 1440 von König James II. ein »Black Dinner« serviert, nämlich der Kopf eines schwarzen Bullen; ein diskreter Wink, daß man gedachte, sie nach dem Essen zu ermorden und entsprechend verfuhr. Am Grassmarket wurden Diebe, Giftmörderinnen und eine Menschenfresserbande mit viel Hallo geschunden und aufgeknüpft, 1736 der Befehlshaber der

Stadtwache gelyncht. Vor der St. Giles Kathedrale machte der Henker mit William Burke ein Ende, der zunächst mit seinem Kumpel William Hare auf dem kleinen Friedhof von St. Cuthbert unfern Princes Street der nächtlichen Profession der Leichenausgräber nachgegangen war. Da an der medizinischen Fakultät jedoch große Nachfrage an frischem toten Fleisch herrschte, verlegten sich Hare und Burke aufs weniger anstrengende Morden. Nach dem 16. Fall wurden sie geschnappt. Heute weist der Führer gern auf die netteren Seiten der Stadt hin: den kleinen Hundefriedhof in einem Winkel der Burg für die Bellos der Wachmannschaft.

Über Edinburgh sagen die Neider (aus Glasgow), die Stadt sei »all fur coat and nae knickers«, was man etwas gröblich mit außen hui, innen pfui übersetzen könnte. Der Pelzmantel (hui), das ist das klassische Edinburgh mit seinen Meilen schwarzer Staketenzäune und seinen Parks, die den schlüsseltragenden Anwohnern vorbehalten sind. Noch heute ist am nördlichen Ufer von Waverley Bridge die Erleichterung zu spüren, mit der sich die besseren Herrschaften vor 200 Jahren aus den Gassen der schlüpferlosen (pfui) Altstadt abgesetzt hatten. Endlich ein Speisezimmer mit Aussicht auf große Plätze und Platanen, Fenster von der Decke bis zum Fußboden, anständige Nachbarn! Charlotte Square, von Robert Adam entworfen, Nummer 7: ein schönes museales Beispiel, wo liebe alte Damen vom National Trust Besuchern die Regeln eines eleganten Haushalts erläutern. Die Wasserschalen auf der Tafel? Darin spülte jeder sein Weinglas zwischen den Gängen aus. Ein Pißpott im offenen Eßzimmerschrank? Oh ja, wenn die Damen sich zurückgezogen hatten, waren die Herren nach zahlreichen Toasts recht frei. Und die Damen? Contenance! Und warten, bis der letzte gegangen war. In ihrem Salon stöhnt und bimmelt eine kleine Drehorgel: »Rule Britannia.«

Robert Louis Stevenson trieb sich als junger Dandy in schwarzer Samtjacke in den Spelunken der Altstadt herum. Sein Dr. Jekyll und Mr. Hyde sind die Geschöpfe dieses zwiegespaltenen Stadt-Ambientes: der weißen Türen und Messingklopfer der neuen und der rußschwarzen, blutschwitzenden Winkel der alten Stadt. Dort Großbürgertum: Stevenson in Heriot Row, Verleger John Blackwood in George Street, Sir Arthur Conan Doyle am Picardy Place – hier der zurückgelassene Riffraff, die Zimmer ohne Fenster, fünf Brunnen für 30 000 Einwohner und das *Gardelou*. Im Museum of Childhood sind die Bilder vierjähriger Kaminkehrer zu sehen, die durch die Schornsteine gejagt wurden, und die »Puppe eines armen Kindes«, ein bekleideter alter Stiefel, die Absatznägel sind das Gesicht.

Edinburgher – wer immer das ausgerechnet haben mag – lesen heute mehr Bücher, trinken mehr Weißwein und gehen öfter zum Essen aus als Bürger irgendeiner anderen britischen Gemeinde. Jeden August und September feiern sie die größten Musik- und Bühnenfestspiele der Welt, die die graue Stadt in einen witzigen, bunten Kulturmarkt verwandeln. »The only festival that's worth a damn«, sagte John Huston über die dortigen filmischen Ereignisse.

Edinburghs alter Hafen, Leith, dem die Rezession übel mitgespielt hatte, ist auf dem besten Weg, ein »trendy«

Viertel zu werden. Das alte Kopfsteinpflaster am Kanal glänzt wie frisch geölt. Im Sommer stellen Fischrestaurants und Pubs die Stühle vor die Tür. Ein heruntergekommenes ehemaliges Altersheim für Seeleute steht sandgestrahlt und wie nagelneu als Hotel am Wasser. Der Gast sitzt irgendwo zwischen den Welten. Im Rücken die Kübelpflanzen und vor sich Victoria Dock, dessen Zukunft auf den graphischen Schautafeln der Architekten zu besichtigen ist: ein Industriepark. Und: Wohnen im Port. Noch brummen Lastwagen schwadenreich vorüber, und auf einem abgeräumten Grundstück lodern die Schneidbrenner. So ganz scheint das alte Leith dem Aufbruch nicht zu trauen. Die jungen Bäume haben sich noch nicht entschieden, ob sie dort wachsen wollen, wo man sie hingesetzt hat. Der Wind treibt blasbaren Müll durch die Rosenrabatten, und wer nicht als Wirt oder Designer tätig ist, wohnt auch nicht ganz so hübsch wie die Leute an der »Wasserseite«.

Vielleicht haben die Schandmäuler aus Glasgow doch ein bißchen recht. Elegante Erscheinungen von »oben«, aus Edinburgh, kommen abends zu frischen Austern, pochiertem Lachs und Sommerpudding vorgefahren. Aber schon eine Ecke hinter der Uferpromenade: nae knickers.

Falke, Golf und Käsekuchen

Gleneagles Hotel/Pertshire

Strictly no sports!
Winston Churchill

Beim Nachmittagstee im Drawing Room des Gleneagles-Hotels gibt es auffallend viele alleinsitzende Damen. Zum Frühstück waren die Herren noch dabei, in karierten Hosen, und einer – aber das war ein Deutscher – in Tweedmütze, Knickerbockern und Brogues, dem rindsledernen Schuhwerk des Landedelmannes. Darjeeling und Käsekuchen mit Orangenglasur nehmen die Damen dann unter sich ein. Sie sind Golfwitwen, die ihre angeheirateten Sportsfreunde in ein 5-Sterne-Hotel begleitet haben, das am südlichen Rand der schottischen Highlands auf einem 335 Hektar großen Golfplatz liegt. Einem? Drei – und einem halben; makelloses, samtenes, täglich auf 0,75 Zentimeter Höhe rasiertes Grün. King's, Queen's und Monarch's Course – die upper class unter den Plätzen. Das Hotel-Emblem ist ein Adler mit einem Golfball in den Fängen. Es gibt ihn auch als goldene Trophäe; der Ball ist in diesem Fall aus Platin. Wer zum Gleneagles hinauffährt, dem zischen harte weiße Geschosse um den Kühler. Stimmt natürlich nicht. Eine Beule im Bentley – unverzeihlich.

Golfspielen ist für Nicht-Golfer allerdings eine über die Maßen langweilige Angelegenheit. Die Hotelleitung hat sich deshalb für diese Fraktion einen Kranz von Zerstreuungen ausgedacht, in dem der Käsekuchen eine von den billigsten aber besten Elementen ist. Davon später.

Das Gleneagles wurde 1924 eröffnet, nachdem die Betreiber, die Caledonian Railway Company, einen Strauß mit der Familie Haldane ausgefochten hatte, die seit dem 12. Jahrhundert auf dem unfern gelegenen Schloß Gleneagles ansässig war, und denen es »außerordentlich widerstrebte, mit einem modernen Eisenbahnhotel verwechselt zu werden.« Mr. Broderick Chinnery-Haldane of Gleneagles schrieb an den *Daily Record*: »Sie publizierten neulich Bilder von der Beisetzung Lord Haldanes in meiner Privatkapelle und nannten den Ort völlig korrekt Gleneagles. Allerdings entsteht nun im Zusammenhang mit der Berichterstattung über die Eröffnung des neuen Golfpatzes der Eindruck, daß er *dort* bestattet sei. Es ist absurd, den Golfplatz Gleneagles zu nennen.«

Zu spät. Das neue Prachtstück, in dem 430 Angestellte bis zu 380 Gäste versorgten, war bald die »Spielwiese der Götter«, wie eine überwältigte Presse es formulierte. Einige kamen im Doppeldecker angeflogen, Golftaschen und Tennis-Rackets an den Rumpf geschnallt. Die *Westminster Gazette* konnte sich gar nicht mehr einkriegen über das tolle Leben: »Dann, jauchzend nach dem Tanz, nehmen sie ein mitternächtliches Bad im Pool, unter Lampen, die hell wie die Sonne erstrahlen. An den offenen

Fenstern – noch im Pyjama eine Zigarette – während in der besternten Nacht die Winde von den Pertshire Hills sie wie Wein umspülen.«

Die Zimmer mit Aussicht sind noch immer das Schönste an diesem edwardianischen Hotel, das enorm groß ist, in dem Mahagoni schimmert und Kristall blitzt, dessen Hülle aber eher die Handschrift des Eisenbahningenieurs als die des inspirierten Architekten verrät. Seine Masse wirkt indes nicht störend, da genügend Raum drumherum vorhanden ist: rombisch gebürstete Rasenplätze, die im Frühtau wie junge Gerstenfelder zu wogen scheinen, lockere Waldungen, im Norden die Silhouette der Grampians und im Süden die Wellen der Ochill Hills, bedeckt von gelbem Gras und den auberginefarbenen Flecken des Heidekrauts. Unter tief segelnden Wolken ähnelt das ondulierte Land einer afrikanischen Steppe, deren Falten sich abends mit blauen Schatten füllen. »Chilled Drambuie Soufflé with Scottish Rasperries.« Vergessen wir darüber den Haggis. Welch barbarische Sitte, auch noch den guten Whisky über das Schafsdarmgemengsel zu kippen! Stiller als vor 70 Jahren sind die Nächte, in denen Champions von ihren kilometerlangen Gepäckmärschen ausruhen und man nur das Rotieren der Erdachse zu hören glaubt.

Schlägt der Gast morgens die Augen auf, sind bereits 50 000 Pfund ausgegeben. Soviel kosten 600 Angestellte, darunter 40 Gärtner und eine 70köpfige Küchenbrigade, der Unterhalt einer Golf-Akademie mit Video-Unterrichtung, eines Schießsportzentrums, des Country-Clubs mit Golfwitwen-Verwöhnungsprogramm wie Massagen und

Aromatherapie, Schwimmbad, Reithallen von Olympia-Format, der Golf- , Krocket- und Tennisplätze, der Fischgründe am Tay, einer Falknerei und einer eigenen Bahnstation. Sie möchten lieber in Edinburgh am Flughafen abgeholt werden? Das Hotel schickt den Benz mit Chauffeur. Am aristokratischen Aufwand gemessen, sind die Preise bürgerlich: 13,50 Mark für den Nachmittagstee, umrahmt von marmorierten Säulen und blauem Stuck, Silberkannen und Steifleinen, mit Scones und Lemon Tart, Chocolate Sponge und Käsekuchen, diesem Käsekuchen! Dazu ein Gratisblick auf Mitmenschen, die in ihren Sotheby´s-Katalogen blättern und sich Champagner und Erdbeeren gönnen. »Celebrating?« – »Ah, yes.« An diesem Wochenende werden im Ballsaal Jagdbilder, Tier-Bronzen und antike Waffen versteigert. »Diese drei Spaniels sehe ich hier schon zum drittenmal«, bemerkt ein indignierter Herr bei der Vorschau. Schnäppchen definieren sich nicht nach der Höhe des Preises. »Patience always pays«, vertraut eine Dame einer anderen an. Ich wüßte gerne, was sie gerade erbeutet hat.

Mit der Jagd wird es ernst. Am Nachmittag fahren wir im Landrover hinaus, vier kreischende Vögel in umgebauten Katzenkäfigen im Fonds, zu den Ländereien eines arabischen Herrn, der der *B*ritish School of Falconry im Gleneagles seinen Überschuß an Nagern zur Verfügung gestellt hat. Einen Jagdfalken auf der linken Faust über die Hügel zu tragen, während James in dicken Tweedhosen die Karnickel aus den Disteln scheucht, bringt das Herz auf Trab und erscheint mir – mit Verlaub – dem buchhalterischen Aufrechnen von Handicaps leicht überlegen.

Die kastanienbraunen Harris Hawks (Parabuteo unicinctus) sind die richtigen Begleiter für Greenhörner, ausgeglichen und robust; sie reisen nicht einmal im Dunkeln wie die nervösen Wanderfalken, die in ihren bebuschten Helmen wie ganz kleine Ritter mit heruntergelassenem Visier aussehen. James setzt mir Talisker, einen jugendlichen, hungrigen Jäger, der am Morgen sein ideales Kampfgewicht von 1,3 Pfund auf die Waage gebracht hat, auf den dick belederten linken Daumen und schlingt mir die Wurfriemen durch die Finger. Was für ein Tag! Queen Maeve auf der Falken-Beize. Die Sonne weckt den Katzengeruch des Ginsters; Birken und korallenrote Vogelbeeren stehen gegen das unschuldige Violett des Heidekrauts und die hektischen rosa Flecken der Weidenröschen im Unterholz. Taliskers Glöckchen an Fesseln und Schwanzfeder klirren, als er sich zurechtsetzt, der Wind zwirbelt seine Brustfedern. Er breitet die Flügel aus und wendet sein wildes Profil nach allen Seiten. Die Hügel stecken voller Karnickel; sie schwärmen über die Wiesen, kauern steif im hohen Kraut, und erst wenn James' Gummistiefel sie trifft, entwetzen sie in die Deckung ihres Baus. Nahe müssen sie sein; schnell muß man loslassen, gegen den Wind, hügelab, aber in den meisten Fällen verschwindet das weiße Blümchen im Erdloch und Talisker macht sich zu Fuß auf den Rückweg. Ein Bröckchen Fleisch auf dem Handschuh bringt ihn wieder in Startposition. Mit wem hältst du's? Jäger oder Beute? Jäger! »Hey hey hey!« schreit James, wenn das graue Pelztierchen vor ihm aufspringt, und »go! go! go!«, wenn die Vögel hinterherhuschen, niederstoßen, das Kaninchen in seiner Not schreit. Dann galoppiert James durch die Disteln, um ihm den Hals zu brechen, dem Vogel einen Köder hinzuwerfen und das aus seinen Klauen befreite bunny in die Jagdtasche zu stopfen. »It's not good being a rabbit«; besser ist's, ein Vogel zu sein.

Am Abend findet im Terrace Room eine Whisky-Probe statt. Sechs klassische Malts müssen verdeckt erschnüffelt werden. Das Aroma reicht von der »sauberen leichten Sanftheit« eines Tropfens aus den Lowlands über das »rauchige, fruchtige Bukett mit langem seidigem Nachklang« eines Malts der West Highlands bis zum Geschmack einer in Salzwasser gekochten Teerjacke von Islay. Ich bleibe bei einem Whisky, dessen »großer, runder Geschmack im Gaumen explodiert.« Sein Name: Talisker.

Willkommen bei den Käuzen

Irland

Kleine Tröpfchen lagen in der Luft,
kein Nebel, stiller Regen,
zu träge um zu fallen. Unglaublich,
was sich an anderen Orten der Welt
alles in der Schwebe hält.
Reinhard Umbach

Das Land ist komplette Wüste, die niemand mehr haben will«, urteilte Friedrich Engels leicht angewidert nach einer Irland-Rundreise im Jahre 1869. Die Einheimischen seien durch die anhaltende englische Unterdrückung zu einem »Lumpenpack« verkommen, das die übrige Welt mit Huren, Tagelöhnern, Zuhältern und Spitzbuben versorge. Schmarotzertum und Elend, wohin man blicke. Na dann, hunderttausendmal willkommen hier! Der deutsche Revolutionär und seine irische Lebensgefährtin Lizzy waren damals nur die prominente Spitze in einem Reigen von Bildungstouristen und »Redacteuren des Auslands«, die das Bild vom »Padlander« und »Smaragdinsulaner« in eindeutiger Weise geprägt haben. Wie alle vor und nach ihnen, konnten sie sich nicht genug wundern über die schmutzigen Gestalten auf ihren steinigen Kartoffeläckern und in den nassen Torfhütten, die den Fremden gleichwohl so aufgeräumt und witzig begegneten wie kein Bewohner glücklicherer Regionen.

Früh erfahren die Daheimgebliebenen, daß dort, »wo es Branntwein, Tumult und Schläge gibt, es für das irische Landvolk nie einer Einladung« bedürfe. Auch die Damen besserer Stände lägen beim Festschmaus auf den Knien und stürzten zusammen mit den Herren einen Trunk nach dem anderen, um schließlich in die Ecken zu pieseln, berichtet ein aufmerksamer Mr. Moryson um das Jahre 1600. Wir lesen Augenzeugenberichte von Straßenkämpfen zwischen temperamentvollen Schneidern und grobschlächtigen Metzgern, vom Brauch des »Schutzmanntunkens« in öffentlichen Brunnen, von verwüsteten Theatergalerien und von Sir Thomas Prendergast, den 1759 ein politisch interessierter Mob aus heute nicht mehr durchsichtigen Gründen an der Nase aus dem Oberhaus zog und durch die Dubliner Gosse wälzte. Und wie zur Erläuterung dieser Vorgänge lesen wir die Zeilen des englischen Dichters Chesterton, der die Gälen samt und sonders für geistesgestört erklärte, »denn alle ihre Kriege sind lustig und all ihre Lieder voller Traurigkeit«.

Kurzum, es bestätigt sich aus vielen alten Quellen, daß Ire und Irin schon immer so waren, wie wir sie heute lieben: gastfreundlich und bumsfidel, an allen Orten zu jedem Unfug aufgelegt, bereit, sich jederzeit mit Whiskey und schwarzem Bier zu betrinken, Anarchie, Krakeel und Gesang herzlich aufgeschlossen. So sind sie nun mal.

Sind sie wirklich so, diese Iren? Selbstverständlich – und

noch viel mehr: fanatisch, abergläubisch und immer ein bißchen zu spät dran. Wie kommt das?

Die Iren haben, seit sie sich erinnern können – und ihr Gedächtnis reicht an die achthundert Jahre zurück –, immer den kürzeren gezogen. Was sie auch unternahmen, um die englischen Herren aus dem Land zu jagen (in das diese, nebenbei gesagt, auf Einladung eines irischen Königs gekommen waren), es ging regelmäßig in die Hosen. Folglich sind in Irland die Männer, die am glanzvollsten zu scheitern verstanden, der konsequentesten Verehrung sicher.

Nehmen wir den Revolutionär Theobald Wolfe Tone, der um 1798 durch einen glücklosen Invasionsversuch und mehrere Aufstände vermasselte, was ein irisches Parlament England mühsam an Freiheiten abgetrotzt hatte. Tone wollte die totale Freiheit, und zwar subito. Im Gefängnis von Dublin schnitt er sich den Hals durch, ehe man ihn daran aufhängen konnte. Nach der Niederschlagung seiner Revolte hausten die Engländer furchtbar im Land. Das hat Wolfe Tones Ansehen keinen Abbruch getan. Besonders liebevoll erinnert man sich seiner im Zusammenhang mit dem »Rennen von Castlebar«, bei dem die Briten wie die Hasen davonstoben – allerdings vor französischen Soldaten, die vergeblich auf Unterstützung durch die »Padlander« gehofft hatten. Das irische Landvolk hielt sich eher bedeckt. Unvergessen ist auch Robert Emmet, der sich nachts mit seinem Rebellentrupp in der finsteren Dubliner Altstadt verirrte und deshalb zum Sturm auf die Feste der Fremdherrschaft gar nicht erst antrat. Er wurde vor einer vieltausendköpfigen Menge enthauptet und gevierteilt und lebt seither in der stolzen Erinnerung fort als »The Darling of Eire«.

Kurz und schwungvoll, drunter und drüber, verlief auch die Osterrebellion von 1916, bei der sich ein Dutzend irischer Männer außerstande sah, seine Terminabsprachen einzuhalten. Eitles Gespreize, vollkommene taktische Unfähigkeit und beseelter Heldenmut gingen eine abenteuerliche Verbindung ein, von der die Beteiligten schon vor dem Startschuß wußten, daß sie scheitern mußte. Recht hatten sie, als sie wähnten, künftige Generationen würden sie für ihren symbolischen Akt preisen, denn er war in der Tat der Anfang vom Ende der Kolonialherrschaft. Aber dieses Fanal zog einen Bürgerkrieg nach sich und, als die Engländer glücklich vertrieben waren, einen Bruderzwist zwischen Freistaatlern und Republikanern, der so blutig und tückisch ausgetragen wurde, daß ihn die Iren bis heute höchst erfolgreich verdrängt haben.

Was die Inselbewohner in den langen Jahren als Kolonialvolk besser lernten als die offene Feldschlacht, waren die Schliche und Kniffe des passiven Widerstands. Daß die Arbeitsfreude bis heute nicht zu ihren hervorragenden Eigenschaften gehört, hat seinen Grund darin, daß es andere Herrschaften waren, die die Früchte ihrer Arbeit verzehrten und ihnen die Schalen übrigließen. So erfanden die Iren den Boykott, als sie dem Verwalter von Lord Erne, Captain Charles Cunningham Boycott, der sie mit ausgesuchter Härte drückte, eines Tages ebenso symbolisch wie geschlossen den Teppich unter den Stiefeln wegzogen. Kein Knecht erschien mehr zur Arbeit, der Bäcker, der Schmied, der Weinhändler bedauerten, das

Personal blieb unentschuldigt fern, der Doktor war unpäßlich, der Briefträger verschollen. Captain Boycott befand sich unversehens in einer sozialen Wüste, deren Klima er nicht standhielt. Ein Bild in der Zeitschrift *Graphic* vom November 1880 zeigt ihn mit seiner demoralisierten Familie, wie sie samt Papageienkäfig, eskortiert von Kavallerie und einem Rot-Kreuz-Wagen, ihr Herrenhaus am Lough Mask verlassen.

Nicht abgebildet sind die Sieger, aber wir dürfen sie uns so vorstellen: barfüßig, mit Löchern im groben Hosenstoff, einem zerknautschten Hut zwischen den Händen, den Knotenstock unterm Arm, in den Augen ein pfiffiges Lächeln, und wahrscheinlich lugt eine Bouteille aus einer rückwärtigen Tasche. Dieses Bild vom Padlander hat Tradition – und ist etwa so gültig wie die Vorstellung vom Deutschen in Sepplhosen und Pickelhaube, nur noch viel haltbarer. Das liegt einmal an der relativen Abgeschiedenheit des Landes und an der Tatsache, daß die Iren ihrem Image auch noch gerecht zu werden versuchen. Sie sehen sich gern in der Rolle des »Stage Irishman« aus den Schwänken von Somerville und Ross, in denen das englische Publikum seine »Ansichten über die lächerlichen Absonderlichkeiten des irischen Volkes« bestätigt fand.

George Bernard Shaw hat »Paddy« in seinem Stück *John Bull's Other Island* bis zum Widersinn karikiert. Die heimische Folklore feiert ihn, den Bauernfünfer, der, auf dem Weg nach England, die »rocky road to Dublin« entlangpoltert, das Bündel an den Shillelagh geknüpft; auf der Überfahrt tanzt er Jigs und Reels mit den Schweinen im Schiffsladeraum, wird, kaum gelandet, von den Boys aus Liverpool beleidigt, worauf er gerade noch gewartet hat: »Temper I was loosing, poor old Erin isle they began abusing, hurrah me soul says I...«, und schon fliegt der Knotenstock um die Köpfe. Da haben wir ihn wieder, den sengenden Patrioten. (Die Vokabel Hooligan, die randalierende englische Fußballfans auf dem Kontinent bekannt gemacht haben, stammt übrigens aus dem keltischen Wortschatz ihrer westlichen Nachbarn.)

Bis in die sechziger Jahre unseres Jahrhunderts schmähte der Autor Flann O'Brien mit Genuß und von Herzen seine Leute, ihre Keltentümelei, ihre katholische Beschränktheit und eine Selbstverliebtheit, die sich aus der bereits erwähnten fixen Idee nährt, Irland sei die Heimat von Käuzen und Karnevalisten. Ein solches »Monster« an Kauzigkeit haben wir uns – nach O'Brien – schwatzend am Rinnstein stehend vorzustellen. Da rammt ihn versehentlich eine Müllfuhre beim Zurücksetzen und »überschüttet ihn mit einem Teil ihrer stark riechenden Ladung. Nun sollte man meinen, das würde ihn ärgern, würde ihn zum Schweigen bringen. Nichts da. Zwei Minuten später beginnt ein Großteil des abgeladenen Verwesungsgutes sich zu bewegen, kriecht den Pfad entlang *und steht auf*!

Es ist natürlich unser Freund; er eilt zu Ihnen zurück; eine Öffnung hoch oben in der Schleimsäule zeigt uns an, daß er grinst. Körperlich schwer verletzt, aber eindeutig von einem riesigen inneren Glücksgefühl beseelt, humpelt er zu Ihnen. Mit verkleistertem Arm winkt er Ihnen zu. ›Wo sonst‹, hören Sie die abgedämpfte Stimme sagen, ›wo sonst könnte so was passieren außer in Irland.‹«

Ja, wo sonst außer in Irland fangen ausländische Redakteure an zu dichten, als habe der mildernde Schwachsinn, in dem die Iren sich und ihr Land betrachten, auf die Besucher abgefärbt? Ich nehme mich keineswegs aus. Kaum betritt man das Land, ist es da: dieses Fluidum, dieses Laisser-faire, diese Weigerung, sich einem idiotischen Perfektionismus zu beugen, dieses selige Vertrauen in das Gute im Menschen. Wo außer in Irland bin ich mit meschuggen Typen ihren selbstgebrannten Potheen trinken gegangen? Wo war die Winternacht so lind, das Wirkliche so fern? Wo flogen rosa Wölkchen über die Straßen aus dem 18. Jahrhundert, als kehrten Engel heim von einer nächtgen Wacht?

Die Irische Fremdenverkehrszentrale druckt in ihrer Broschüre regelmäßig nach, was entzückte Journalisten nach ihrem Besuch bei den Padlandern durch die Medien trompeten; und wahrhaftig, ich bin in dieser Kolumne noch nie einem originellen Gedanken begegnet. Es ist alles noch wie vor 150 Jahren. Natur? Vom grünsten. Angeln? Unübertroffen. Bier? Mordsstark. Einwohner? Prima und trinkfest. Regen? Erträglich. Frühstück? Porridge mit Sahne und Kaffee mit Whiskey. Feen und Elfen? Gibt es alles, gar keine Frage. Sehen wir der Realität ins Auge: Irland ist ein schönes, aber rückständiges und ausgepowertes Land, in dem Fremde, ihrer eigenen Sattheit überdrüssig, gern verweilen, in dem sie aber auf Dauer versauern, wie authentische Stimmen von Rücksiedlern bestätigen, die sich auf der grünen Insel Rheuma, Depressionen und eine Säuferleber eingehandelt haben. Nicht nur die Auswärtigen sind gefährdet. Meine These von der

Unzuträglichkeit des Gesamtklimas wird von geborenen Iren unterstützt. Jonathan Swift, dreißig Jahre lang Dekan an der St. Patrick´s Cathedral in Dublin und dortselbst beerdigt, ließ auf seine Grabplatte schreiben, er habe nun endlich Ruhe gefunden, wo wilde Empörung (über wen wohl?) sein Herz nicht mehr zerreißen könne. G. B. Shaw drehte derselben Stadt verächtlich den Rücken. Er sei nicht verliebt in »Mißerfolg, Armut, Dünkel und in Scherbengericht und Verachtung, die diese nach sich ziehen«. Samuel Beckett wanderte aus, weil er fand, Frankreich im Kriege sei immer noch besser auszuhalten als Irland im Frieden.

In Europa rangiert Irland als das Land mit dem zweitniedrigsten Einkommen und (nach Portugal) den wenigsten Telefonen ziemlich weit unten. Jeder fünfte ist arbeitslos. Daran ändert auch die Hire-and-fire-Praxis des wandernden, hoch subventionierten internationalen Kapitals nichts, das heute in Irland und morgen in Tunesien Hemden nähen und Computer zusammenlöten läßt. Und Irland ist nicht nur ein armes, sondern auch ein sehr konservatives Land, mit einem eindrucksvoll starren, fundamentalistischen Klerus. Es ist der einzige Staat in Europa, außer Malta, in dem keine Ehescheidung möglich ist. In einem Referendum haben sich sechzig Prozent der im zurechnungsfähigen Alter Befindlichen dagegen ausgesprochen. 1983 wurde das geltende Abtreibungsverbot in der Verfassung festgeschrieben. Ergebnis: Jedes Jahr fahren Tausende von Frauen nach England in die Abtreibungskliniken. Die Verschreibung der Pille ist von der Einstellung des Arztes abhängig, der Verkauf eines Präservativs ein ideologischer Akt. Wenn der Apotheker die Meinung des Erzbischofs von Dublin teilt, daß der Flummi zum »moralischen Niedergang« des irischen Volkes führe, bleibt die Kundschaft unbedient. Hexenprozesse wie der Kerry Baby's Case, in dem 1984 eine junge Frau für einen Kindsmord, den sie nicht begangen hatte, durch den Dreck einer bigott-voyeuristischen Männergesellschaft gezogen wurde, lassen Memmingen fast in einem milden Licht erscheinen.

Nein, Irland ist kein gutes Land für unangepaßte Geister und kein gutes Land für Frauen. Die einzige Frau, die es dort gut hat, ist die Jungfrau Maria. Der Niedertracht des Alltags entzogen, wird sie mit Inbrunst verehrt. Sie erscheint den Gläubigen immer wieder als Strahlenbild, manchmal an dreißig verschiedenen Orten zugleich. Nach »Zeugenaussagen« hält sie den blauen Mantel gelüpft, sie hat Tränen in den Augen und Blut an den Händen. So etwas wird in Irland anstandslos geglaubt, erst recht, wenn den Gläubigen der gegenwärtige Papst gleich mit erscheint.

Stellen Sie sich vor, Sie hätten ein reizendes Grundstück am See, sagen wir in Connemara, mit eigenem Steg und alter Bauernkate. Eines Tages sehen drei Schulmädchen auf dem Weg zur Dorfdisco die Jungfrau Maria hinter Ihrer Garage leuchten. Der Pfarrer spricht vor, um Ihre Konfessionszugehörigkeit zu prüfen. Der Bischof läßt die Garage einzäunen. Dann kommen zwanzigtausend Iren in klapprigen Austins und schweren Landmaschinen zur Andacht vorgefahren. Ja, so was könnte Ihnen nur in Irland passieren.

Rettet die Adresse!

Dublin

In der That ist mein ganzer Kopf,
mein ganzes Herz mit Dubliner trauriger
und schöner Wirklichkeit angefüllt.
Moritz Hartmann, Brief aus Dublin, 1850

Das *Book of Kells* ist umgezogen. Es liegt in einem klimatisierten Schneewittchensarg aus Panzerglas und Stahl in einem Zwischengeschoß unter der alten Bibliothek des Trinity College, in der es seit Menschengedenken zu Hause war. Eine Gruppe Amerikaner, noch ganz in Grün von der St. Patrick's Parade, die es unverzüglich in die Bücherkathedrale getrieben hatte, ruft erschrocken im Anblick leerer Kästen: »Das *Book of Kells*! Wo ist es denn?« Und wird von einem freundlichen Uniformierten eine Treppe zurückgeleitet.

Es hat zwei Gründe, daß das Trinity College seinem größten Schatz – der Bilderhandschrift der vier Evangelien aus dem achten und neunten Jahrhundert – einen neuen Platz angewiesen hat. Bisher mußten die 340 gebundenen kalbsledernen Seiten jeden Abend aus der Vitrine in einen Tresor eingeschlossen werden. Nun bilden

Schaukasten und Bunker eine Einheit. Neben dem *Book of Kells* haben darin auch das *Book of Armagh* und das *Book of Durrow* mit seinen trefflichen Tiergestalten – ein Kalb trägt die zierlichsten Stöckelschuhe, die je ein Rind besessen – einen sicheren, gut beleuchteten Platz bekommen. Aber der Bibliothek, dem Long Room, mit seinen stillen, dämmerigen Büchergewölben, den Marmorbüsten großer Absolventen und dem Duft nach Leder und Bohnerwachs fehlt seitdem das Herz. Ein Loch ist im Fußboden, die alte Spindeltreppe wurde herausgesägt, und ein skandinavisch anmutender Ersatz führt nun direkt in den Hades des Besucherzentrums, aus dem Stimmengewirr und das Keifen der Computerkassen in den Himmel der Bibliophilie heraufschallen.

Der zweite Grund für den Platzwechsel war das Quartercentenary Jubiläum – *Trinity 400* – und in seinem Zug ein allgemeines Aufrüsten und Schönmachen. Am 13. März 1592 hatte Königin Elizabeth I. die Gründungsurkunde für Irlands erste – und nach Oxford und Cambridge dritte Universität auf den britischen Inseln – unterzeichnet. Auf dem Gelände eines konfiszierten Klosters und außerhalb der Stadtmauern von Dublin entstand ein Ort, von dem aus »Barbarei, Tumult und ungeregelte Lebensweise« der einheimischen Sumpftrotter in die Schranken gewiesen. werden sollten. Selbst von Mauern umschlossen – das Hauptportal gleicht noch immer einem Schlupfloch – war Trinity eine Festung des protestantischen Establishments. Katholiken erhielten erst in diesem Jahrhundert uneingeschränkt Zutritt. Wie ausgleichende Gerechtigkeit mutet es an, daß drei von Irlands feurigsten Revolutionsführern – Robert

Emmet, Theobald Wolf Tone und Thomas Davies – Protestanten und Trinity-Absolventen waren.

Im Gründungsjahr besuchten sechs angehende Theologen die Universität; heute platzt sie mit über zehntausend Studierenden aus den Nähten – ein Zustand, den der Genetik-Professor David McConnell wiederum als »kontrollierte Anarchie« bezeichnet. Gewiß, es sei gelegentlich ein wenig eng, selbst in den Semesterferien, aber »man muß das College einfach lieben«, diese Insel der Stille und Gelehrsamkeit mitten in der trubeligen Stadt. Im College-Park ergingen sich viele arbeitsame Bürger in der Mittagspause, und im Sommer trügen einige Damen sogar ihr Badekostüm unter dem Büro-Outfit. So mancher Pedell habe da schon im Anblick einer bloßen Schulter die Augenbrauen hochgezogen. Immerhin, wir sind in Dublin. Die Gepflogenheiten der Isar-Auen haben sich noch nicht bis hierher durchgesprochen.

Die Großtante des Professors war eine der ersten Studentinnen, die sich 1904 ihren Platz am Trinity erkämpft hatten – gnädig begrüßt von den Kommilitonen: »Welcome, welcome, little ladies ...« Erst 1972 durften Frauen auch Quartier im College beziehen. Inzwischen sind 55 Prozent der Studierenden weiblich, und man rühmt sich eines weiteren Sterns am Himmel prominenter Absolventen: Mary Robinson, Präsidentin der Iren seit 1990. Sie war mit 25 Jahren die jüngste Jura-Professorin am Trinity.

Professor McConnell hat sein Büro zwei abgelatschte Holztreppen hoch in den backsteinroten Rubrics von 1700, dem ältesten Wohngebäude auf dem Campus. Vom Fenster aus überblickt er Library Square mit den ausladenden Bäumen auf einem Rasen, der offenbar jeden Morgen mit dem Fransenkamm in Fasson gebracht wird, und dem Campanile. Dahinter glänzt das Katzenkopfpflaster von Parliament und Front Square, eingerahmt von geschwärzten und hellgrau sandgestrahlten Fassaden aus dem 18. Jahrhundert. »Wie haben Ihnen die Gobelins gefallen, die wir zur St. Patricks-Parade aus den Fenstern gehängt haben? Geschmackvoll, nicht wahr?« Blau und Gold, in den Farben der großen Uhr im Giebel.

Granit altert mit Würde. Das neue Arts Building mit der Douglas-Hyde-Gallery für moderne Kunst, das sich dicht an die Mauer zur Nassau Street drängt, verströmt die ganze schauerliche Ehrlichkeit der 60er Jahre. Wo sich in den repräsentativen Bauten von Trinity – der Kapelle, der Examenshalle, dem Club der Professoren, der alten Bibliothek – das Edle, Sahnige, Leuchtende entfaltet, mieft das Arts Building dem Besucher den nackten Beton entgegen; ein Haus wie eine Geröll-Lawine.

1991 war Dublin Kulturhauptstadt Europas. Das hat mancher Initiative Schwung verliehen. Das Custom House wurde blendend restauriert, ein Museum für Dichter eröffnet und die Straße mit neuen Monumenten möbliert. Leicht ist es, mit Kunst im öffentlichen Raum zu scheitern; leicht zieht sie Verunglimpfung und Verunreinigung auf sich. Die steinernen Herren Goldsmith, Burke und Grattan in ihren Kniehosen stehen seit jeher hoch und unbehelligt; schwarzglänzend und schwer ruht Sir Benjamin Lee Guinness hinter schwarzen Staketen, immer umweht von einer Bierfahne, der Luft der Liberties. Sogar an den fuchtelnden Jim Larkin vor der Post hat man sich gewöhnt. Platt und populistisch aber wurde die Fischhändlerin Molly Malone mit ihrem rollenden Stand an den Eingang von Grafton Street plaziert – das Dubliner Mädchen, alive alive oh, mit mächtigen Möpsen und einem mächtig dummen Gesicht. The tart with the cart, spricht der Volksmund verdientermaßen – die Schnalle mit dem Karren.

Nicht viel besser kommt die First Lady unter den Dublinerinnen davon, Anna Livia Plurabelle. Ihr hat man mitten auf O'Connell Street einen Brunnen gebaut, in dem eine ausgestreckte Frauenfigur ihre ewig langen Glieder badet. Wasser rauscht über ihre Schultern. „The floozy in the jacuzzi" wird das Geschöpf genannt, die Tussi im Sprudelbad. Immerhin dient sie jenen zur Anschauung, die den Fluß obstinat »der Liffey« nennen. Sie! Anna Livia, immer noch! Da liegt sie, und wie im Bett ihrer Schwester unter den Brücken dümpelt Unrat um den geschmeidigen Leib.

Der Mann, der sie zum Ganges der Weltliteratur stilisiert hat, steht ganz in der Nähe: „The brain with the cane", das Hirn mit dem Spazierstöckchen. »Wer wird da enthüllt?« fragte bei der Denkmalseinweihung ein Dubliner den anderen. Antwort: »James fucking Joyce«.

Dublins Norden war, seit sich der Adel in der zweiten Hälfte des 17. Jahrhunderts auf die Südseite der Liffey verzogen hatte, immer das weniger feine Quartier. Hier fielen die ersten georgianischen Häuser zusammen, hier wütete der Kahlschlag mit spezieller Entschlossenheit. Aber hier – in Moore Street – herrscht auch noch ein ganz anderes Marktgetümmel als im neuen St. Stephen's Green Shopping Centre, in dem die Boutiquen mit eigenen Pop-Konserven akustisch Krieg gegen die klassische Gesamtbeschallung führen. Im Norden sind die Stimmen echt, schmetternde Koloraturen: Lammherzen – billig! Schöne Narzissen! Bananen – zehn Stück für ein Pfund! Die gelben Birnen aus den Kinderchaisen werden einzeln angeboten, wie die Zigaretten aus der Packung. Aus dem Laden mit den preiswerten Schuhen röhrt Andrew Strong *Mustang Sally* in Konkurrenz zu dem Geknödel des Metzgers an der Ecke Sampson's Lane. »Freunde«, schwallt die Stimme über rote und wachsgelbe Fleischgebirge, »niemand von uns hat Geld. Wir sitzen alle im selben Boot – aber alle haben wir Farbfernsehen und Video. Da habt ihr's, Freunde. Ihr könnt einen Haufen Geld in unserem tollen kleinen Laden sparen. Wir haben eine Riesenauswahl: drei Schweinsfüße für ein Pfund – und Eier, Dutzende von Eiern, sie fliegen nur so über die Theke ...« Die Nord-Dubliner sind die Neger Irlands heißt es so oder ähnlich bei den *Committments*, arm, ordinär und seelenvoll.

Am oberen Ende von Parnell Square hat sich das Dublin Writers' Museum in einem Doppelhaus mit dem Irish Writers' Centre eingerichtet. Während in der Nummer 19 die Zeitgenossen wirken, pflegt man in Nr. 18 die Erinnerung an die toten Dichter, und davon gibt es in Dublin viele. »Zeigen Sie mir irgendwo auf der Welt eine Straße, die einen Richard Brinsley Sheridan und einen Sean O'Casey für sich beanspruchen kann«, forderte Brendan Behan, selbst ein Nord-Dublin-Mann und nicht wenig stolz auf »die Stadt der Städte«. Hier in der ehemaligen Residenz von Lord Farnham, einem dieser georgianischen

Zauberkästen, die von außen nichts verraten und den Besucher durch ihre Pracht in Erstaunen setzen, sobald er über die Schwelle tritt, sind alle versammelt, die Dublins Ruhm gemehrt haben, ob sie ihr Land nun liebten, oder sich vor der »Sau, die ihre Kinder frißt« in die Emigration retteten: Jonathan Swift, Oliver Goldsmith, William Butler Yeats, Maria Edgworth, Sean O'Faolain, John Millington Synge, Patrick Kavanagh, Flann O'Brien, Samuel Beckett, George Bernard Shaw, Oscar Wilde, Lady Gregory... Die Schreibmaschine von Brendan Behan ist unter Glas aufgebahrt, ebenso wie die Fliegerbrille von Oliver St. John Gogarty und die Weste von James Joyce – ihre Kofferzettel, ihre Pässe, ihre Rechnungen, ihre Erstausgaben und ihr welker Lorbeer. Im ersten Stock, in der Galerie der Dichter, die sich über die ganze Tiefe des Hauses zieht, hängen ihre Portraits – Kopien aus der Nationalgalerie – und hier, sagt Kurator Robert Nicholson, ein feinsinniger junger Mann mit weißen Haaren, hat der Innenarchitekt »die Sau rausgelassen«. Weiß-goldene Säulen stützen die hohe Decke, deren schwarzgoldener Stuck bis zu den Fenstern hinuntertropft. Einmal hausen wie ein Lord und sei's nach dem Tode.

Die Hausnummern 18 und 19 Parnell Square hatten das Glück, lange von repräsentierenden Herrschaften bewohnt worden zu sein. In den wenigen Jahren, in denen sie leerstanden, verschwanden zwar das Blei von den Dächern und die Kamineinfassung aus den Salons, aber der Stuck blieb unangetastet. Für viele andere ist es schon zu spät: Blinde Scheiben, zugemauerte Türen oder die Gerüste, Netze und haushohen Schilder, auf denen Mieter für Klasse-Büros gesucht werden – georgianische Häuser, denen man das Lebendige herausgerissen hat, und deren leere Fenster Lust aufs Spekulanten-Verprügeln machen. Dublin ist dabei, sein architektonisches Erbe zugunsten von Stadtautobahnen und Fassadenschwindel zu verschleudern: die monströsen Panzerschränke am Wood Quay, wo das Dublin der Wikinger lag; das St. Stephen's Green Shopping Centre, für das 17 georgianische Häuser umfallen mußten; das Verbrechen der Elektrizitätsbehörde in Lower Fitzwilliam Street, die Quays an der Liffey, Thomas Street... Es ist eine solche Schande! Wo eine Rettung gelingt, ist sie privater Entschlossenheit zu verdanken.

Nummer 35 in North Great George's Street war 1784 als das Stadthaus des Grafen von Kenmare erbaut worden, doch nachdem seine Gnaden ausgezogen war, ging es beständig den Bach runter. Später eröffnete ein Mr. Maginni dort eine Tanzakademie mit Ballsaal. Als Herr mit schwarzem Seidenzylinder tritt er flüchtig im *Ulysses* auf und ab und rettete damit die Adresse. In den kriegerischen Jahren zwischen 1916 und 1922 tanzten britische Offiziere in seinem Etablissement, während eine Gruppe namens Fianna Eireann im Keller ihre Munition trocken hielt und unterm Dach aufrührerische Rede schwang. In Friedenszeiten probte ein Dubliner Orchesterverein in der Bel Etage. Man bohrte anstandslos Löcher in die Stuckdecke und hängte Neonlampen an Schnüre. Auf den Treppenabsätzen wurden Klo-Kabäuschen angebaut. Dann stand das Haus leer. Schließlich gelang es einer heroischen Initiative namens James Joyce Cultural Centre die verlotterte Immobilie zu erwerben, zu befestigen, zu befreien, aus langen Reihen erbsengrüner Beulen weiße Stuckengel zu schälen und die restaurierte Hülle einem literarischen Forschungszentrum dienstbar zu machen.

Kein Haus und kein Denkmal ist dem Dichter Patrick Kavanagh gewidmet, sondern eine Parkbank am Grand Canal bei Baggott Street Bridge. »O gedenke mein, wo Wasser fließt/Kanalwasser am liebsten, so leise ...« Dort liegt der hübscheste innerstädtische Teil dieser alten Wasserstraße, über die noch im 19. Jahrhundert die Frachtboote von Pferden gezogen wurden – vom Shannon bis zu den Dubliner Docks, hin mit Bier, her mit Torf und in beiden Richtungen auch mit Passagieren. Höchstgeschwindigkeit vier Meilen in der Stunde. Schäbiger wird's dem Ende zu, wo sich der Grand Canal zu einem Hafenbecken weitet, in dem verrottete Trawler dümpeln. Die Gespensterfassaden alter Fabriken ragen aus dem Wasser und über allem liegt der Geruch des Katzen- und Hundeheims am Grand Canal Quay.

Ringsend mit seinem schwarzen, schmierigen Pflaster und den betonierten Höfen zwischen den roten Wohnblocks, wo Kinder um die Wäschepfosten schwingen, liegt weiter als einen langen Spaziergang von der eleganten City entfernt. In ihren Abgaswolken wanken die Doppeldeckerbusse über die enge Brücke, vorbei an den Bunkermauern der Windhunde-Rennbahn und den gußeisernen Resten des alten Gaswerks, die wie eine viktorianische Achterbahn in den Himmel stechen. An den Haltestellen warten magere Frauen schwer bestimmbaren Alters, die rauchen, ohne die Hände zu bemühen und junge

Mädchen, die gezielt in den Rinnstein rotzen. Durch den Feierabendverkehr ist das Klop-Klop-Klop eines trabenden Gauls zu hören, der fünf Kinder, einen Hund und eine Fuhre Brennholz auf einem Pritschenwagen stadteinwärts zieht.

Aber die Grenze zwischen Eleganz und Schäbigkeit, Reich und Arm, City und Ringsend ist eine bewegliche Linie. Es liegen immer nur ein paar Schritte zwischen der glitzernden Klopsbude mit *magic food* und dem kleinen Geschäft, in dem es Zeitungen, Glückwunschkarten, Äpfel, Zigaretten und eingeschweißte Frühstückswürstchen gibt, und wo winzige Kinder mit verschmierten Gesichtern und nackten Knien ihre Pennies in monströsen Süßigkeiten anlegen.

»Willkommen« heißt mich das blaue Blatt »in einer der ältesten und erhabensten Kathedralen der Welt«. St. Patrick's liegt im Dämmerzustand, aber selbst ungenügend beleuchtet, vermittelt sie erfolgreich ihre achtungsgebietenden Ausmaße. Unter ihren Steinplatten und seinem bitteren Epitaph ruht Jonathan Swift, Dekan der Kathedrale. Im nördlichen Querschiff hängen als staubiges Netzwerk die Banner der königlich-irischen Regimenter. St. Patrick's Cathedral ist erhaben – und beinahe leer. Die Schatten marmorner Herren in Kniehosen füllen die dunklen Seitenschiffe. Nur am Eingang sitzt eine leibhaftige Dame neben einem elektrischen Heizstrahler und ruft mir freudig entgegen: »Studenten nur die Hälfe!«

Ganz weit vorne findet etwas statt: Die Engelein singen. Es sind zwölf Chorknaben, die in in ihren grünen Wollumhängen aussehen wie eine Kreuzung aus Wichteln und kleinen Heiligen. (Der Eindruck verfliegt, als sie sich nach dem Gottesdient vor dem Portal gegenseitig die Fäuste auf die Ohren schlagen). Ein Priester im weißen Spitzenhemd ist auch dabei. Und anders als bei profanen Veranstaltungen, bei denen eine Mindestbesetzung gefordert ist, singen diese geistlichen Sachwalter selbstgenügsam für den HERRN – und für mich. Und sie singen sehr schön in diesem großen, kühlen, schattigen, leeren Kirchenraum: »Earth has many a noble city, Bethlehem thou dost excel ...«

Ach, singen wir doch von Dublin!

Wird hier etwas frei?

West Cork

Die vielen Irländer, die von den Touristen leben, sind guter Dinge, und ganz Irland nimmt Theil an ihrer Freude. Es ist in der That die Zunahme der Zahl der Besucher fast ein ebenso wichtiges Element zur Beruhigung der Gemüther, wie der vorzügliche Ausfall der für Irland so wichtigen Kartoffelernten.
Historisch-politische Blätter für das katholische Deutschland, München 1884

Die Bewohner von West Cork haben nicht die Wahl, ob sie es lieber schön hätten oder satt wären. Ihr Land gibt agrarökonomisch nicht viel her. Zuckerrübenfelder machen vergleichsweise satt, sind aber nicht schön. West Cork wiederum ist zauberhaft, hat jedoch nur geringen Nährwert.

Die unterste Kralle, mit der der irische Teddybär im Atlantik kratzt, besteht aus granitenen Felsbuckeln, zwischen denen das Wasser nicht abfließt. Ein Sprung ins Grüne, und man steht bis zu den Knöcheln im Sumpf. Weideland ist sorgsam von Steinwällen und Dornenhecken umgrenzt. Die Straße windet sich durch den Ginster und zwischen Böschungen, an denen im Mai die weißen Knoblauch-Sterne blühen. Wenn der Blick sich weitet, glitzert das Meer zwischen hundert Inseln, die wie Walrücken aus dem Wasser steigen. In kleinen »Coves« nisten pastellfarbene Häuser, ein Pier, ein paar Fischerboote. Lange Sandstrände wechseln mit Buchten, in denen die Perlmutt-Rüschen der Austernschalen in der Brandung rascheln.

Es gibt Regentage, an denen die Wolken wie graue Plumeaus auf den Hügeln lagern und die gesammelte Trübsal dieser Welt verströmen, aber wenn die Sonne scheint, die Wolken ziehen und das Licht in Augenblicken wechselt, sieht der Südwesten von Irland aus wie die Erde am ersten Schöpfungstag, so licht und blitzend, so neugeboren und magisch, daß es den Fremden den Atem nimmt.

Das sind die Tage, an denen Dietrich Eckard neue Kundschaft erwächst; die deutschen Manager und Schweizer Zahnärzte, die aus ihren Mietwagen auf einen Buckel neben der Landstraße gestiegen sind und ihre Augen über die Roaring Water Bay, Rosbreen Cove und die Inseln von Carbery schweifen lassen. Die Brust weitet sich in der frischen Brise, ein kleines Gottvater-Gefühl steigt auf im Angesicht der ungezähmten Schönheit: Hier könnte man Frieden finden. Hier sollte man ein Haus besitzen!

Wenn Dietrich Eckard die Anfänge solcher Irland-Bezauberung schildert, die Ellenbogen auf einen Tresen gestützt, dann wird sein Gesicht mit der Goldrandbrille breit. Aber das Zähnezeigen ist weniger Schadenfreude als Selbstschutz. Bis zu den Knöcheln steht auch er im irischen Sumpf. Ehe Dietrich und seine Frau Hildegard vor neun Jahren nach West Cork kamen, hatten sie in Nürnberg mit der Herstellung von hölzernen Wappenschildern einen guten Schnitt gemacht. Die Eckards sind von Haus aus Architekten, aber künstlerische Schnitzereien, wie deutsche Bürgermeister sie gerne an Ehrengäste verleihen, erwiesen sich als beständigere Geldquelle.

Drei Meilen außerhalb von Ballydehob kauften sie ein großes Hanggrundstück mit einem verfallenen Cottage und unverbautem Blick zum Meer und richteten eine Schreinerwerkstatt ein. Heute beschäftigen die Eckards einen Bautrupp von zwanzig Handwerkern und sind in West Cork, wo sich die Arbeitslosigkeit auf 17 % beläuft, Brotgeber, auf die zwanzig Familien zählen.

Die adrettesten Cottages zwischen Baltimore und Mizen Head sind Dietrichs Werk; teils neu, teils auf alten Fundamenten errichtet. Man erkennt sie an ihren Bruchsteinmauern, statt am bunten Verputz, wie ihn der Ire bevorzugt, und spitzgiebeligen Verglasungen, die auf eine sorglos geregelte Heizsituation im Innern schließen lassen.

Dietrich will nicht wieder weg aus Irland. Ihm ist eine Metamorphose widerfahren, wie sie dort schon etliche Ausländer befallen hat. Er ist »more Irish than the Irish themselves«, irischer als die Einheimischen selbst geworden – eine Haltung, in der Zusammenstöße mit der nachrückenden deutschen Klientel vorprogrammiert sind. Wer neu in Irland ist, versteht die lässige Kühnheit des Landsmannes Dietrich im Umgang mit Terminen, seinen Stolz, noch unzuverlässiger zu sein, als man es den

Iren schon nachsagt, als Verrat und Zumutung. Wer neu ist, darf von ihm lernen, daß Irland ein ganz besonderer Boden ist. Die Satelliten, die Irland überfliegen, müßten nach jeder Runde neu justiert werden ... Strahlen, Magnetismus, was weiß denn er. Wenn ein Frankfurter Gynäkologe ihm befiehlt, die Auffahrt zu seinem Haus teeren zu lassen, läuft Dietrich Sturm. Weiß der Mann nicht, daß seine Mauern auf dem Boden einer uralten Kultstätte stehen? Daß er den Erdgeistern nicht die Schlupflöcher zukleistern darf? Und prompt: Kaum ist der Teer verstrichen, passiert ein Unglück – Löcher, Spuren, Risse! Vordergründig war es dieses Rindvieh von Lastwagenfahrer, der die Propangasflaschen ausgerechnet in der Einfahrt abladen mußte, aber gelenkt war die Aktion von den Erdgeistern. Wie konnte es sonst geschehen, daß gerade dann das Gas ausging, als der Teer noch frisch war...

Mag sein, daß der Herr mit dem Mietwagen auf seinem Hügel neben der Straße ein günstigeres Weben der Naturkräfte spürt, wenn er den Beschluß faßt, ein Haus in Irland zu erwerben. Das Geschick führt ihn möglicherweise auch gleich zu dem richten Mann, dem Grundstücksmakler James Lyons O'Keefe in Schull. Im Schaufenster seines Souterrain-Büros hängen die Fotos schmucker kleiner Häuser, versehen mit O'Keefes Kommentaren: »Also, nun mal ungelogen: Ich habe diesen Ort gekannt, als da ein Mordsbaum zwischen den vier nackten Mauern wuchs. Jetzt sieht die Sache schon anders aus ...« Oder: »Drei schöne Zimmer; über das Bad wollen wir lieber nicht reden, aber abgesehen davon ist alles okay, Gnädigste.« Und in trotziger Ehrlichkeit: »Jawohl, die Straße geht mitten übers Grundstück, aber das macht überhaupt nichts, weil da sowieso niemand langfährt.«

Der Makler, ein hochgewachsener Herr um die fünfzig mit gesträubtem grauem Bart, bestätigt im persönlichen Umgang den Eindruck seiner Anzeigen. Er will dem Kaufwilligen weder einen Schrottplatz noch eine Ruine andrehen. Unzufriedene Kunden sind schlechte Politik. O'Keefe kennt jede Baustelle, jeden verwertbaren Morgen Land, die Geschichte jedes Anwesens und seines Besitzers im Umkreis von 80 Kilometern, und weiß auch, wo bald etwas frei werden wird. Dabei ist er diskret. No names – just watch my eyes. Was sehen wir zum Beispiel hinter dem umgestürzten Zaun? Dem Lumpen von Gardine im Fenster? »Hier wohnt ein alter Junggeselle – und dort wohnt auch noch ein alter Junggeselle«, Bauern, die mühsam von der Schafzucht leben. Wenn sie sterben, steht das Haus leer; ein Haus am sanften Abhang des Mount Gabriel, über den die Wolkenschatten fliegen.

An hellen Tagen steht der Atlantik wie eine gleißende Fata Morgana am Horizont. Da liegt es also hinter Dornröschenhecken aus Gestrüpp und Fuchsien, geduckt unter einem alten windgebeugten Baum, ein Haus, das laut nach einem neuen Besitzer ruft: erhalte mich, bewohne mich, ich will dich reich entlohnen! Der neue Mann will ja keine von diesen Southfork Ranches, wie sie die überlebenden Bauern neben die verfallenden Cottages ihrer Großeltern setzen. Er will ein uriges irisches Häuschen, dem man nicht ansieht, daß es einen Mikrowellenherd und Hepplewhite-Stühle einschließt. Er will eine gewachsene und doch neue Hülle. Er will noch einmal von vorn anfangen, zu sich kommen, Frieden finden, seine Ehe reparieren.

Dietrich weiß nun schon, wie es weitergeht: Die Frau sei natürlich erst einmal dagegen. Doch dann führen sie zusammen hin. Wieder so ein blauer Tag, an dem alles möglich scheint. Beide erfaßt die Lust am Abenteuer, am Planen und Werken. Vielleicht wird nun doch noch alles gut. Das ist die erste Phase. Die zweite beginnt, wenn das Haus fertig ist und das Paar am offenen Torffeuer sitzt; wenn die Asche wie auf Samtpfoten fällt, und sie durch ihren Glasverhau in den Regen hinausstarren. Der Atlantik wogt bleischwer. Mmh ... Alsbald beginnt Phase drei. Nun heißt es nicht mehr: Dielen oder Kacheln, und wo stellen wir das Ledersofa hin, sondern: Mußt du eigentlich jeden Tag in dieser alten Strickjacke rumlaufen!

Aus Phase drei entwickeln sich nach Dietrichs Erfahrungen zwei Richtungen: Der Mann flieht nach Deutschland zu seinen Geschäften und überläßt Frau und Haus dem Wirken der Erdgeister – oder man erlebt gemeinsam eine weitere Phase der Aktivität. Es muß sich doch irgend etwas aus diesem langweiligen Landleben machen lassen! Man könnte ein Restaurant eröffnen, etwas makeln, Strickmoden verkaufen oder Schafe züchten. Bald ist man wieder da, wo man zu Hause schon einmal war, nur findet sich weit und breit keine verständnisvolle Seele, wenn das irische Wetter und der irische Mangel an Enthusiasmus für fremder Leute Vorhaben dazu führen, daß man sich gegenseitig die Schnapsflaschen auf den Kopf haut.

Wer in Irland seinen Frieden finden will, braucht offenbar mehr Glück als Verstand. Einige versuchen es mit

Stippvisiten: zweimal im Jahr für vierzehn Tage. Fragt sich, ob die Landschaft dafür vollgebaut werden muß und ob die Angelegenheit 170 000 Mark wert ist. Auf Long Island wohnen heute zwölf Fischer und zeitweise achtzehn fremde Faulenzer. Makler O'Keefe kann sich erinnern, daß er als Junge oft zum Picknick nach Long Island übersetzte, und daß auf der Festlandseite nur ein paar Farmhäuser lagen. Heute ist das Ufer mit neuen und neu-alten Häusern gesprenkelt. Wer acht oder mehr Ferienhäuser baut, kann mit staatlicher Unterstützung rechnen. Seit Irland Mitglied der EU ist, gibt es für Ausländer keine Beschränkungen mehr beim Landkauf, und eine Baugenehmigung ist selten ein Problem. Die nächste kleine Bucht ist schon ausgeguckt für eine Siedlung.

In der Regel sind es Anlagen, von Hauskante zu Hauskante sauber geteert, in denen ein paar vertrocknete Stauden auf dem Rasen Zeugnis von geringem gärtnerischem Ehrgeiz ablegen. »Diese Ferienhäuser sind außerordentlich beliebt«, sagt Mr. O'Keefe. Die Sockenfarbe ihres Interieurs und die Fülle an Kiefernholz können den Geschmack weder befriedigen noch beleidigen. Sie sind sozusagen die reizarme Basis, von der der Traum vom Haus in Irland erst seinen Abflug nimmt.

Auf einem Törn durch die Inseln von Carbery weist O'Keefe vom Segelboot aus, wo die Träume anderer Leute bereits gelandet sind: Diese Bucht, in der ein alter Schwede hinter hohen Mauern Kamelien und Geißblatt zum Blühen bringt, war vor zwei Jahren noch eine wilde Küste, an der das Meer nagte. Für die Fischer, die auf altem Nießbrauch bestanden, hat er einen neuen Weg angelegt, damit sie ihm nicht über die Rabatten trampeln. – Hinter jenen Hügeln hat sich Gore Vidal ein Haus gebaut. – Auf einer Insel weiter draußen wohnt Mrs. McKenzie, die Tochter von Fred Astaire. – Steuerbord haben wir ein kleines Liebesnest. Ein Paar trifft sich dort, das als verheiratet gilt. Sie sind die einzigen, die nicht wissen, daß jeder weiß, daß sie es nicht sind.

Wie arrangieren sich die Iren mit dieser kleinen aber deutlich herausstechenden Minderheit? O'Keefe zieht seine struppigen Augenbrauen hoch. Natürlich verkaufen die Bauern nicht ihr gutes Weideland als Bauplatz, sondern ein paar Quadratmeter Granit, an dem sich die Bagger die Zähne ausbeißen. Es ist ja noch so viel vorhanden. Selbst Kleinstimmobilien finden Interessenten. Aus London kam einer auf eine Anzeige in der *Sunday Times* angeflogen: »Gärtner-Cottage zu verkaufen«. Später tobte er an gleicher Stelle, man habe ihm ein Klohäuschen für Zwerge andrehen wollen.

»Ist doch schön, wenn abends wieder Licht aus den Fenstern scheint«, meint Johnny Reagan neidlos. Der alte Farmer hat zwei Grundstücke in exponierter aber landwirtschaftlich unergiebiger Lage verkauft. Nun schaut er gerne mal bei den neuen Nachbarn vorbei und macht sich mit deren alkoholischer Vorratshaltung vertraut. *Bei Adele*, die in Schull ein Teestübchen betreibt, bietet einer am Pinnbord seine Dienste als Haus- und Gartenhüter an, einschließlich Lüften, bevor die Herrschaft zum Jahresurlaub eintrifft.

Dörfer wie Schull oder Ballydehob profitieren vom Tourismus, ohne sich dabei viel zu vergeben. Im Vergleich zu

Gemeinwesen ähnlicher Größe in Deutschland strotzen sie vor Urbanität. Nicht nur, daß sich die Straße rauf und runter ein Geschäft ans andere reiht – Metzger, Krämer, Post, Café, Kneipe, Bank, Schuhe, Bücher, Kunstgewerbe – auch die Trommeln der Information rollen unaufhörlich dieselbe Bahn. Hier kann jeder zu jeder Tageszeit geortet und dingfest gemacht werden. Fremde sind in dieser gut irischen Nachbarschaft geduldet. Aber eher wird einer irischer als die Iren, als daß er West Cork mit seinen Gepflogenheiten kolonisierte. Der Metzger fragt auf deutsch »Vier Schweinekoteletts?«, während Dietrich am Tresen seine Bestellung mit Ballydehober Akzent aufgibt. So glaubt ein jeder an das ihm Gemäße.

Die Jungfer mit den Vogelaugen

Jane Austen

Jane lies in Winchester
Blessed be her shade;
Praise the Lord for making her
And her for all she made;
And while the stones of Winchester –
Or Milsom Street – remain,
Glory, love and honour,
Unto England's Jane.
Rudyard Kipling

Mai 1817. Den ganzen Weg zwischen Chawton und Winchester hat es geregnet, 16 Meilen lang; die Alleebäume flossen wie grünes Plasma vorbei. Ab und zu wischte die kranke Dame in der Kutsche über die Scheibe und spähte nach den beiden Herren zu Pferde, denen das Wasser von den Hüten lief. – Oh, meine liebe Cassandra, wie schrecklich für Henry und William, sie werden sich den Tod holen ...

Es war Jane Austens letzte Reise. Acht Wochen später ist sie in Winchester gestorben, den Kopf im Schoß ihrer Schwester Cassandra, und an einem frühen Sommermorgen in der Kathedrale begraben worden, deren Turm sie vom Fenster ihrer Wohnung in College Street sehen konnte. Nur einmal war sie in dieser Zeit in einem Sedan-Stuhl in die Stadt getragen worden; an den Ruinen von Wolvesey Castle vorbei und am Fluß Itchen entlang, auf dem die Enten schnattern – oder andersherum, durch Cathedral Close. In der alten Pilger-Herberge standen die Fenster offen, und im ersten Stock übten zwei Knaben Violine. Wahrscheinlich war der Rasen noch nicht ganz so vorbildlich geschoren, das Kriegerdenkmal fehlte und so manches scheußliche Haus, aber sonst scheint sich in der alten Königsstadt nicht viel verändert zu haben seit diesem Julimorgen, als ihr Sarg durch das Tor getragen wurde. »Sie öffnet ihren Mund mit Weisheit, und gütige Lehre ist auf ihrer Zunge« (Sprüche 31; 26) steht auf der Bronzeplatte im nördlichen Seitenschiff. Bruder Henry, dem unterwegs wohl doch der Kopf ein wenig naß geworden war, schrieb später: »Sie war... ängstlich bemüht, Gott zu gefallen, und bei ihren Mitmenschen keinen Anstoß zu erregen... Nie sprach sie ein unüberlegtes, leichtfertiges oder strenges Wort.«

Wäre Miss Austen tatsächlich diese grundgütige, diskrete Dame gewesen, wollte sie heute kein Mensch mehr lesen, und ihre Spuren wären längst zugeweht. Doch Jane war kein zahmes Huhn, das in seinem literarischen Vorgärtchen pickte, sondern das eleganteste satirische Talent des ausgehenden 18. Jahrhunderts. Wenn sie ihre Feder in hohlköpfige Pfaffen und aufgeblasene Damen stach, entwich die Luft mit einem scharfen Pfiff. »Schönheit erleuchtet diese Narren«, schrieb Virginia Woolf, Schönheit, die noch immer entzückt. Und so sprechen die Steine in Winchester, Chawton und Bath 200 Jahre später von Jane und ihren Büchern, in denen weder Krieg noch Revolution, weder Elend noch Verbrechen vorkommen, und die Welt zusammenbricht, wenn Lydia Bennet mit Mr. Wickham ohne Eheabsichten durchbrennt. »Die Natur des Menschen enthüllt sich in kleinen wie in großen Angelegenheiten«, schreibt ihr Biograph David Cecil. »Eine Teegesellschaft entlarvt Egoismus, Freundlichkeit, Selbstkontrolle und schlechte Laune ebenso gut wie ein Luftangriff.«

Sicher ist sie als junge Frau auf dem Weg nach Bath hier durchgerattert: Wyeley, Stockton, Boyton, Dörfer hinter den sieben Hügeln von Wiltshire, die den Reisenden des 20. Jahrhunderts, der, sagen wir, die Wetterau kennt, auf die Knie zwingen. So geht es also auch. Cottages aus grauem und rotem Stein, mit Reetdächern von perfektem Schnitt, bis zu dem Pony über der Tür und dem auftoupierten Fasan im Giebel. Gärten voller Rosen und Geißblatt, Rittersporn, Fingerhut und Jasmin. Ein Zaun aus geflochtener Weide biegt sich unter der Fülle. Eine Pferdekoppel – vorbei, eine Steinbrücke. Am Ende einer Buchenallee blitzt ein weißes Haus mit großen Fenstern. Kein Faustschlag in Form einer kubistischen Sparkasse oder einer abwaschbaren Klopsbraterei erschüttert den Zauber. Man meint, die sieben Zwerge im Gleichschritt aus den Türlein marschieren zu sehen: Heyho, heyho, wir sind vergnügt und froh … Tatsächlich gibt es überhaupt keine Bank, keine Tankstelle, keinen Laden, wenige Kinder, doch solide Gasthäuser. Über Stilton, Pickles und Bitterbier im Garten des *Victoria & Albert* in Netherhampton zieht ab und zu eine Wolke von Schweinegestank und infernalisches Grunzquieken her. Es wohnen also doch nicht nur pensionierte Colonels und Majorswitwen in Wiltshire.

Geboren wurde Jane 1775 als Tochter des Reverend George Austen in dem Flecken Steventon in Hampshire, ein munteres Ding mit hellen Locken und haselnußbraunen Augen. Sie sei »der hübscheste, albernste, affektierteste Schmetterling auf Gattenjagd«, erinnerte sich eine Mrs. Mitford – ein Bild, das schwer in Einklang zu bringen ist mit Janes einzigem authentischen Portrait. Es zeigt eine Jungfer mit schmalem Mund, dicken Wangen und Vogelaugen. Miss Austen entging nichts. Schweigend und lächelnd saß sie nachmittags in Gesellschaft und schrieb abends die unsäglichsten Dinge an Cassandra: »Mrs. Hall kam gestern sechs Wochen vor der Zeit mit einer Todgeburt nieder, verursacht durch einen Schock. Ich vermute, sie hat aus Versehen ihren Mann angeguckt.«

Das Pfarrhaus in Steventon wurde schon von der folgenden Generation abgerissen; nur die eiserne Waschküchen-Pumpe steht mitten auf einer Wiese und dem Bauern im Weg. Eine eigens angepflanzte wind-dichte Hecke führte an der Straße entlang, hinter der Mrs. Austen mit Jane und Cassandra zu der kleinen Kirche auf dem Hügel spazierte. Dort haben sich Janeites aus allen Ecken Englands lobend in ein liniertes Buch eingetragen: »unverdorben – kühl und friedsam – eine Pilgerreise – nostalgisch«, 25 Pence in die eiserne Kasse in der Mauer geworfen und einen Scherenschnitt der Dame mit dem Federkiel am runden Tisch mitgenommen. St. Nicholas in Steventon ist 700 Jahre alt, von außen grau, von innen nichts Besonderes, und doch stellt es alles dar, was den Süden Englands so schätzenswert macht: Liebe zu den einfachen Dingen und Respekt vor dem Schönheitssinn der Altvorderen, der soviel ausgeprägter war als der unsere. Wie ein Spalier zeichnen sich die Mauerfugen durch das abblätternde Rosenfresko ab. Auf einem Seitenaltar sind blaue Knie-Kissen gestapelt; jedes trägt in einem aufgestickten Blumenkränzchen Janes Bild mit dem Federkiel.

Sie lebte 25 Jahre in diesem stillen Winkel, pflegte Blumen und Gemüse, spielte Klavier und schrieb allerlei würzige Kurzprosa über sturzbetrunkene Damen und junge Herren »von so blendender Schönheit, daß nur Adler es wagten, ihnen ins Gesicht zu schauen«, die ihre große, gutgelaunte Familie in Scharaden übersetzte. Da war Bruder Francis, der mit zwölf zur See ging und Admiral wurde; Edward, den sein Onkel adoptierte und zu einem reichen Erben machte, der kleine Charles, auch er ein Seekadett, Henry, der Lieblingsbruder, James, eher ein Langweiler, Cassandra, die Schwester und Vertraute, Cousine Eliza, deren Mann, der Comte de Feuillide, unter der Guillotine gestorben war, und die durch diesen Akt und ihren girrenden Akzent von besonderem Interesse war. Bei den Theateraufführungen in der Scheune spielte sie selbstverständlich die Hauptrolle.

Noch bevor Jane 23 war, hatte sie vier Romane geschrieben, die erst viele Jahre später – *Kloster Northanger* und die rasante *Lady Susan* nach ihrem Tod – publiziert wurden. *Northanger Abbey* bot ihr Bruder einem Verleger in London an. Er akzeptierte, zahlte zehn Pfund und vergaß das Manuskript.

Täglich wanderten Jane und Cassandra zum Wheatsheaf Inn an der Straße nach Winchester um die Post abzuholen, und gelegentlich fuhr man nach Basingstoke zu einem Ball. Zwei Stunden in der Kutsche über schlechte Straßen und ein manchmal zweifelhaftes Tanzvergnügen: »Es war zu erniedrigend, mit Mr. Collins herumzuhopsen, der ungeschickt und feierlich war und, anstatt sich anzustrengen, weitschweifige Entschuldigungen vorbrachte und noch falschere Schritte machte ...« Und sie tanzte doch so gern! Die Damen trugen kurze Locken à la Titus, Musselinkleider, Bänder und Federn im Haar. »Mein schwarzes Käppchen wurde öffentlich von Mrs. Lefroy bewundert – und heimlich von allen anderen im Saal.« Doch während die Herren zwischendurch nach draußen an den Rinnstein traten, mußten die Damen die Limonade durch die Rippen schwitzen. So frei war das Regency nun auch wieder nicht. Das Museum of Costume in Bath zeigt den Wandel der Geschirre, in die Frauen sich im Lauf der Jahrhunderte der idealen Silhouette zuliebe schnürten. Die fließenden »griechischen« Musselingewänder des ausgehenden 18. Jahrhundert erforderten gleichwohl ein rigides Leibchen, das den Busen hob und die Rippen zusammenpreßte. Das 19. deformierte die Frauen zu Eieruhren oder schnallte ihnen ein »Cul«, einen Steiß aus Draht und Roßhaar um, über dem sich die Röcke wie ein Entenbürzel bauschten. Nur die Herren: immer fesch!

Als Mr. und Mrs. Austen ihrer Tochter eröffneten, man habe sich kurzfristig entschlossen, nach Bath umzusiedeln, fiel Jane in Ohnmacht. Sie kannte das mondäne Bad von Verwandtenbesuchen und schätzte es ganz und gar nicht.

Zu viele gleißende Steine umgaben sie dort und zu viele verdrießliche Leute. »Wieder eine dumme Gesellschaft gestern abend«: Admiral Stanhope, dessen Rockschöße für seine kurzen Beine zu lang sind, Mrs. Chamberlaine, die man höchstens für ihre perfekte Frisur bewundern kann, oder Mrs. Badcock, die hinter ihrem betrunkenen Mann herrennt. »Seine Ausweichmanöver, ihre Verfolgung und die vermutliche Bezechtheit beider war ein erheiterndes Schauspiel.« Da ihr Vater kränklich war und die großen Brüder aus dem Haus, fehlte oft ein männliches Wesen, das sie zu den Bällen in die schicken Assembly Rooms führen konnte. Und immer nur durch Milsom Street zu paradieren und Hüte mit Klatschmohngarnitur in den Fenstern anzuschauen ... Im Sommer fuhr die Familie an die See, nach Sidmouth und Lyme Regis und Jane begann *Die Watsons*, aber der Roman wollte nicht gedeihen.

Bath, das römische Aquae Sulis, das erst 80 Jahre zuvor seine mittelalterlichen Gassen niedergelegt hatte und neu und grandios in gleichmäßigen weiten Terrassen aus hellem »Bath Stone« auferstanden war, befand sich 1801 schon in seiner letzten Blüte. Bald darauf entdeckte der Prinzregent, daß es in Brighton entschieden amüsanter war, und die besseren Herrschaften folgten ihm an die Kanalküste. Bath rühmt sich heute etwas unangemessen eine »Weltstadt« zu sein und ein »lebendiges Museum, das niemals schließt«, was der Sache schon näherkommt, auch wenn der Kellner im prächtigen Pump Room, in dem die Heilquelle vier eisernen Fischen in den Schlund gurgelt, um viertel nach fünf die Rechnung auf den Tisch legt. Keine Eile, Madam, aber das Trio packt schon die Instrumente ein, die weißen Leinendecken und Servietten werden auf einen Haufen gekehrt, und plötzlich sitzt Madam ganz alleine da mit ihrem Cream Tea.

Vor zweihundert Jahren war der Pump Room der Ort, an dem sich morgens »tout Bath« traf. Man wandelte mit seinem Glas Warmwasser umher (das nach eingeschlafenen Füßen schmeckt, und von dem kein Mensch weiß, wozu es überhaupt gut sein soll) und plauderte zierlich: Unerträglicher Plebs heute – keine einzige vornehme Erscheinung... Mr. Beau Nash, der Zeremonienmeister, wachte darüber, daß keine Dame mit Schürze eindrang. Oh, Mr. Nash, könnten Sie die Anoraks heute sehen!

Durch Bath läßt sich auch nach Museums- und Geschäftsschluß bummeln. Am römischen Bad vorbei zum Circus, einer perfekten Arena aus 33 georgianischen Häusern um einen gewaltigen Busch alter Platanen, und durch Brock Street zum Royal Crescent. In diesem königlichen Halbmond aus gelbem Kalkstein konnte sich jeder Mieter einbilden, einen Palast zu bewohnen; ungebrochen ist die Kette der klassischen Säulen-Fassaden, die sich auf eine gepflasterte Avenue und eine Rasenfläche öffnet, die am Absatz zu einem versunkenen Garten endet, einem sogenannten ha-ha, zu Deutsch aha, im 18. Jahrhundert der angemessene Laut, wenn man unversehens seine Mauer hinabstürzte.

No. 1 Royal Crescent ist die getreuliche Nachbildung eines eleganten Haushalts, einschließlich der zum Nachtisch gedeckten Tafel mit einer Pyramide glänzender Äpfel, Kelchen mit Eiercreme, Worcester-Schalen mit Makronen, kandiertem Ingwer, Baiser, Nüssen und einer frischen Ananas auf dem Paradeteller. Für magenkranke Gäste gab es Bath Oliver, einen geschmacklosen weißen Keks, den ein Dr. Oliver seinen Patienten verschrieb, und der sich noch immer unverständlicher Beliebtheit erfreut. Es geht hinab in den Keller und durch den obligatorischen gift shop (Bath-Salz, Bath-Schwamm) in die geräumige Küche. Der Zweck der meisten Gerätschaften bleibt dunkel, aber die Papiersilhouette eines Hundes in situ zeigt, daß diese überflüssigen Tiere damals einer sinnvollen Beschäftigung oblagen: Sie mußten in einem Laufrad den Bratspieß am Rotieren halten.

Mit dem »glücklichen Gefühl, entkommen zu sein«, zog Jane fünf Jahre später von Bath nach Southampton. Dort gefiel es ihr bedeutend besser. Sie hatte ein Gärtchen mit Flieder, Goldregen und Johannisbeerbüschen an der Stadtmauer und konnte auf der Krone flanieren. Bei Flut schwappte die See an die alten Steine. Die Mauer steht noch; zu ihren Füßen tobt der Verkehr, dahinter dehnt sich ein Container-Terminal. Nichts weiter davon, nur fort!

Auf Janes Spuren nach Chawton, wo sie ihre letzten acht Jahre verbrachte. Die Witwe Austen und ihre beiden Töchter nahmen das Cottage unbesehen von Janes Bruder Edward, der das benachbarte Herrenhaus bewohnte, und sie wurden nicht enttäuscht. Das rote Backsteingebäude an der Straße mit großem Blumen- und Küchengarten »hintenraus« erwies sich als kommod, die Nähe zur Familie erfreulich. Vom Eßzimmer sah man die Postkutsche nach Winchester vorbeistieben. Hier wurde Jane Austen zu »Tante Jane«, die mit ihren zahlreichen Nichten und Neffen Mikado und Fangball spielte, die mit Anfang 30 schon eine Haube trug und damit zu verstehen gab, daß sie sich vom Heiratsmarkt zurückgezogen hatte, die nicht mehr tanzte und stattdessen auf dem Sofa saß »und so viel Wein trank, wie mir schmeckte.« Und hier am Fenster, auf einem niedrigen runden Tischchen, soll Jane in rascher Folge ihre letzten drei Romane und einen halben – *Mansfield Park, Emma, Überzeugung* und *Sanditon* geschrieben haben. Es ist der unwahrscheinlichste und unbequemste Platz im ganzen Haus. Die quietschende Zimmertür warnte sie angeblich vor überraschendem Besuch, und dann ließ sie Feder und Papier unter der Nadelarbeit verschwinden. Wozu? Jeder in der Familie wußte, daß sie schrieb. (Aber mach' was gegen Legenden).

Der Erfolg kam spät, 1811 mit *Verstand und Gefühl*...« by a lady« und, gemehrt noch zwei Jahre später durch *Stolz und Vorurteil, Mansfield Park* 1814, *Emma* 1815. Der Prinzregent hatte in jeder seiner Bibliotheken eine Ausgabe ihrer Romane stehen. Das war natürlich erfreulich, »aber erfreulich ist auch, was Edward als Kies bezeichnet.«

In ihrem Schlafzimmer – upstairs – im Sessel neben dem Kamin empfing sie später, als sie nicht mehr schreiben konnte, eine ihrer Nichten – »schwarz und weiß im Gesicht und lauter falsche Farben«, wie die Addison'sche Krankheit, eine TB der Nebennieren, sie gezeichnet hatte. Das kleine Kabinett mit dem blauen Wasch- und Nachtgeschirr ist aufgeklappt; ihr chinesischer Lacktisch, ihre Patchworkdecke, Rosensträußchen auf jedem Sims. Die angesammelten Artikel ihres Alltags – Scrabblekasten, Notenhefte, Schreibfedern und der Griff ihres Parasols – verraten nur, daß hier eine Dame in behaglichen Verhältnissen ein unaufgeregtes Leben führte, aber nichts über ihren Charakter und nichts über ihre Kunst. Es scheint, als seien ihre Bücher schmerzlos und ohne Nachwehen zur Welt gekommen in diesem Ambiente, das reizend aber ein wenig schal ist, wie ein Aquarell mit zuviel Blau und Grün. Sie war so liebenswürdig, so selbstlos, sie soll sogar fromm gewesen sein. Ihr satirisches Gift hat in diesem Bild keine Flecken hinterlassen.

Sie starb mit 41 Jahren, als ihr Ruhm gerade zu blühen begann. Die Lobgesänge wurden erst nach ihrem Tod angestimmt –«Shakespeares jüngere Schwester« (George Henry Lewes), »Das große Wauwau beherrsche ich wie jeder andere, aber ihr feiner Pinselstrich ... ist mir versagt« (Walter Scott). Weniger Belesenen war sie auch nach Jahren noch unbegreiflich. »Sir, können Sie mir bitte mal sagen, was an dieser Dame so Besonderes war?« erkundigte sich der Küster der Kathedrale von Winchester bei einem frühen Literaturtouristen. »So viele Leute wollen wissen, wo sie hier begraben ist.« Ah, l'aimable Jane! Der Mann hätte ihr gefallen.

Zwei Hunde für Emily

Die Brontës und ihre Gesellschaft

Die Brontës müssen im wirklichen
Leben unerträglich gewesen sein,
und von der ganzen Sippe wäre es
vermutlich nur Branwell gewesen,
mit dem man Mitleid gehabt hätte.
Vita Sackville-West

Die Dichterin Emily Brontë hatte zwei Hunde: das lohfarbene Ungeheuer Keeper, eine Kreuzung aus Mastiff und Bulldogge, und Grasper, auf den ersten Blick ein nichtswürdiger grauer Struppi, der in England jedoch zur Gattung Lurcher gehört und zur Jagd eingesetzt werden kann. Beide schweiften mit ihr über das Moor, das sich gleich hinter dem Pfarrhaus von Haworth in Yorkshire erstreckt. Auf dem Moor fühlte sich Emily Brontë frei und inspiriert. An guten Tagen wogen die Hügel in glänzendem Grün und stumpfem Braun bis zum Horizont. Vorwiegend aber herrscht schlechtes Wetter. Kein Lichtmast, kein Mountainbiker und kein wahnsinnig gewordener Rasenmäher beschädigten vor 150 Jahren diesen Gang. Keepers polierter Messingkragen liegt heute im Pfarrhaus-Museum unter Glas, und dort hängen auch die Portraits der beiden Hunde, »nach dem Leben« gemalt von ihrer Herrin. Wir kommen darauf zurück.

Die Schwestern Charlotte, Emily und Anne Brontë (*Jane Eyre, Sturmhöhe, Agnes Grey*) verfügen, wie es sich bei englischen Schriftstellerinnen gehört, über eine eigene Gesellschaft. Das besondere an ihr ist, daß es sie überhaupt noch gibt. Seit 1893. Der erste Benz rollte, Königin Victoria regierte, und ein paar entschlossene Verehrer begannen Charlottes Manuskripte, Annes abgeschnitte Locken und Emilys Teetasse sicherzustellen.

»Warum haben wir überlebt?« fragt Lord Asa Briggs, Präsident der Brontë Society, und schaut vom Kirchenpult von St. Michael and all Angels in 300 mild interessierte Gesichter. Warum wir und nicht die anderen englischen literarischen Gesellschaften? Die Shelley Society, die Browning Society oder die Byron Society? Sie schlossen bereits im 19. Jahrhundert ihre schwindsüchtigen Mitgliederlisten und wurden erst im 20. erneut gegründet. Der Brontë Society aber schenkte der Herr ein langes Leben. Hundert Jahre. Weil sie nämlich, so Lord Briggs, auf einzigartige und erfolgreiche Weise ihre akademischen Aktivitäten, die Leben und Werk der Brontës zum Gegenstand haben, mit den »anderen« verbindet, die rein gar nichts zur Erforschung beitragen, aber den meisten Mitgliedern bedeutend mehr Spaß machen. Lord Briggs ist Historiker; er reist nach seiner Grußadresse bald wieder ab. Die Mitglieder bleiben, um in Haworth ihr Centenary zu feiern. Jetzt wirds gemütlich.

Am Freitag gibt die Gilbert and Sullivan Society aus

Burnsley einen viktorianischen musikalischen Abend in der Methodist Church Hall; die Damen vom Oxenhope Women's Institute tischen dazu auf: Schinken, Roastbeef, Krautsalat, Kümmelkuchen, Fruchtgelee und Tee aus Fünf-Liter-Kannen. Am Sonntag führt der Heimatkundler R. Longbottom die Mitglieder um Haworth herum, am Montag ist ein Busausflug ins »Shirley-Country« anberaumt, um die Stätten aus Charlottes gleichnamigem Roman zu besichtigten; ein weiterer Abend ist dem unseligen Bruder Branwell gewidmet – am Samstag aber findet die Preisverleihung der großen »Grasper and Keeper Lookalike Competition« statt. Hunde aus ganz Großbritannien und überall, wo sich der Ruhm der Brontës verbreitet hat, waren dazu aufgerufen, sich an Masse und Struppigkeit mit Emilys Hunden zu messen. Die Schriftstellerin Charlotte Cory (*The Unforgiving*), selbst Hundefreundin und Mitglied im Vorstand der Society, hatte sich diesen bezaubernden Wettbewerb ausgedacht, »der Emily bestimmt Spaß gemacht hätte.« Als einzige Preisrichterin hatte sie allen Gewinnern »eine spezielle Medaille für ihr Halsband und ein besonders feines Freßchen« versprochen. »Ein Photoalbum aller Grasper und Keeper-Aspiranten wird zusammengestellt und in die Annalen der Society eingehen. Photos der Preisträger werden in Haworth während der Jahrhundert-Feiern präsentiert.« Außerdem plante C. Cory, einen großen Grasper-und-Keeper-Hundespaziergang über das Moor.

Doch wie so mancher lustige Plan trug auch dieser nur saure Früchte. Zwar gab es an die hundert Bewerber (eine Mitgliedschaft von Herrchen/Frauchen und Hund bei der Brontë Society war nicht zwingend), deren Bilder und Personalien C. Cory in ein Album eintrug, jedoch konnte sich die Preisrichterin bis in die Nacht vor der Kür nicht für einen Kandidaten, geschweige denn für die folgenden Plätze, entscheiden. Kurzentschlossen packte sie am Morgen den Hund Snap, Gefährte der elfjährigen, freudig überraschten Amanda Bold aus Haworth, und präsentierte ihn der Society als Grasper-Gewinner – eine angemessene Wahl; Snap ist ein astreiner Lurcher. »Keeper wohnt leider in Darlington«, verkündete sie, aber sein Lichtbild überzeugte die wenigen, die sich die Mühe machten, ins Album zu schauen, von seiner Preiswürdigkeit. Die Medaille, nun ja, würde an einem anderen Tag verliehen. Und von dem großen Hunde-Ausflug aufs Moor hätten ihr Hunde-Experten dringend abgeraten. Wandelndes Inferno. Trotzdem schade.

Ansonsten fand sich Charlotte Cory auf der Käse-und-Wein-Party in der Sonntagsschule, auf der sie die Sieger vorführen wollte, weitgehend geschnitten. »Hier ist Grasper«, rief sie hell ins Getümmel, aber die Gäste waren stärker daran interessiert, ein Gläschen Frascati und die letzten Krümel des Double Gloucester zu erstreiten, als der jungen Frau mit dem stockdürren Köter an der Leine zu applaudieren. Ein sonderbarer Vorgang, da die Brontë Society, die sonst jede Grille, die die Brontës zum Gegenstand hat, mit viel Gefühl pflegt, den Wettbewerb in ihrer *Gazette* ausgelobt hatte, und das nationale Presse-Echo, wie man so hört, zufriedenstellend gewesen sein soll. Charlotte Cory aber hatte den Fehler begangen, vor einigen Wochen Charlotte Brontë in einer Zeitungskolumne, die sich schelmisch »Back Bites« nennt, zu schmähen, und das war weder wünschenswert noch verzeihlich.

»Man hat mich gebeten, dieser Jahresversammlung fernzubleiben«, sagt C. Cory, »aber ich bin trotzdem gekommen, ich habe genügend Freunde hier.« Eine flachbrüstige Gestalt im Matrosenkleid mit schwarzen Strümpfen und Schnürstiefeln, das blasse Gesicht mit den hellen Augen und schmalen Lippen von dunklen Haaren umrahmt, könnte C. Cory eine Nachkommin der Sisters Three darstellen, und selbstverständlich ist sie nicht nur Emily und ihren Tieren, sondern auch der Schwester Charlotte zugeneigt. Aber deshalb dürfe man doch einmal – ironisch überhöht – sagen, daß jene ein böser Finger war. »Die schlimmste Sorte Au-Pair, die man sich ins Haus holen konnte«, eine mannstolle, kontaktgestörte, unfähige Gouvernante, voll der harzigsten protestantischen Vorurteile. »Wenn sie über die Juden geschrieben hätte, was sie über die Katholiken und die Belgier geschrieben hat, würde sie heute nicht mehr aufgelegt.«

Der Artikel führte dazu, daß der erfolgreiche Roman von Charlotte Cory umgehend aus den Regalen des Brontë Museumsladens entfernt wurde, was die Autorin vorschnell dazu verleitet, sich mit Salman Rushdie zu vergleichen. Immerhin ist sie noch munter und mampft demonstrativ sorglos den Käse der Brontë Society. Vorstandsmitglied Trevor Willetts, auf die Zensurmaßnahme angesprochen, wirft verzweifelt die Hände in die Luft. »Sie hat geschrieben, daß sich Charlotte Brontë Thackeray auf den Schoß gesetzt habe. Das kann man doch nicht zulassen!«

C. Brontë hätte sich an C. Cory wahrscheinlich schriftlich gerächt, sie zu einem Biest in einem ihrer Romane gemacht. Die Society wird sie mit steifer Oberlippe und Groll im Herzen bis zur nächsten Vorstandswahl ertragen müssen.

Robert Browning soll mit den Mitgliedern der Browning Society Tee getrunken haben. Der Mann wußte, was er dem organisierten Verehrertum schuldig war. Kaum zu glauben, daß eine der Schwestern B. ihren Andenkenverwaltern die Tür geöffnet hätte. Oder doch? Keeper, faß!

Nuneaton revisited

George Eliot

George Eliot hingegen ist eine Tante
und als Tante unnachahmlich.
Virginia Woolf

Nuneaton in Warwickshire ist eine Stadt, an der man gern vorüberfährt. Sie hat so gar nichts Herausragendes an sich, vielmehr führen viele breite Straßen direkt an ihr vorbei. Der Intercity aus London – eine Stunde, sechzehn Minuten – hält hier. Miss Lynn, die mit leichtem Wochenendgepäck ausgestiegen ist, tritt auf einen großen Bahnhofsvorplatz hinaus, der von massiven Gebäuden gesäumt ist, darunter eine Teppichfabrik und ein Getränkegroßhandel. Autogerecht bis zu den geteerten Vorgärten liegt Nuneaton wie ein Kranz weitläufiger Parkplätze rund um eine Fußgängerzone vor ihr. Unter Tudorgiebeln, die man bei der Modernisierung vergessen hat zu beseitigen, breiten sich Bausparkassen, Jeanspaläste und »Takeaways« aus wie Erben im Salon alter Damen, deren Tod sie indiskret herbeisehnen.

Miss Lynn war durch ihre Lektüre auf die Schrecken der Provinz vorbereitet. Das Gegenteil hätte sie überrascht.

Die englischen Midlands sind nicht sehr ereignisreich: Holunder und Heckenrosen, Wiesen, über denen eine alte Eiche präsidiert, aber auch »unser brauner Kanal … das Echo aus den Steinbrüchen«, das Stampfen der Dampfmaschinen und der schwarze Staub aus den Kohlegruben. Und das vor 170 Jahren. Miss Lynn ist gekommen, um George Eliot zu suchen, die 1819 auf einer Farm bei Nuneaton als Mary Anne Evans geboren wurde. Heute wie damals ist die Stadt alles andere als eine Attraktion.

Dessen ungeachtet ist sie entschlossen, ein Reiseziel zu werden und von dem Besucherstrom, der sich ins benachbarte Shakespeare Country ergießt, ein Bächlein zur Bewässerung von George Eliot Country abzuzweigen. Die Zielgruppe wären zum einen literarische Interessenten, aber natürlich auch jeder andere Zerstreuung suchende Mensch, denn wo stünde geschrieben, daß man die Romane einer Autorin gelesen haben muß, ehe man ihre Heimat und die Schauplätze ihrer Bücher aufsucht.

»Sie glauben doch nicht, daß die Touristen, die nach Stratford upon Avon fahren, irgend etwas von Shakespeare kennen«, sagt Mrs. Waule in der Hotel-Lobby recht schneidend zu Miss Lynn. Sie muß es schließlich wissen, denn Mrs. Waule, eine resche Dame Ende Fünfzig, die sich selbst bei einem Feuerwerk bemerkbar machen würde, gehört zu einer Fraktion von Reiseveranstaltern, die zusammen mit einigen privaten Spurensuchern wie der gleichfalls schon älteren Miss Lynn ein »Erfahrungswochenende« mit Lesung und Busfahrt durch George Eliot Country gebucht haben. Miss Lynn, die auf einem ersten Rundgang durch die Stadt recherchiert hat, daß es nur eine einzige Buchhandlung gibt, die nicht einmal eine Biographie der Schriftstellerin führt, besteht darauf, den Reiseveranstaltern diesen skandalösen Tatbestand mitzuteilen, wird von Mrs. Waule jedoch auf die unterschiedlichen Interessen hingewiesen. Sie, Mrs. Waule, sei ausschließlich hier, um Busparkplätze, Cafeterias und Toilettenanlagen im Rahmen einer möglichen George-Eliot-Pauschal-Tour auszukundschaften. Was Leben und Werk der Dame selbst angehe, so sei ihr dies schnurzegal. Miss Lynn beschließt darauf hochmütig, Schweigen zu bewahren, wobei ihr das Bewußtsein überlegener literarischer Kenntnisse eine natürliche Stütze ist.

Die Einführung in das Wochenende hat Mrs. Adams übernommen, Vorsitzende der in Nuneaton tätigen George Eliot Fellowship, einem Fähnlein enthusiastischer Streiter für den Ruhm der großen Tochter. Wie die meisten Fellows ist auch Mrs. Adams schon etwas älter. Durch die Brille wirken ihre milden blauen Augen stark vergrößert, und die gepuderten Wangen wie ein rosa Bienenpelz. In der rechten Hand hält Mrs. Adams die Henkel ihrer Tasche, in der linken ein Exemplar der *Scenes of Clerical Life* von George Eliot – vor 130 Jahren wenigen in Nuneaton als die enorm gescheite und nicht vollkommen liebenswürdige Miss Evans bekannt. In literarischen Kreisen hatte sich damals gerade ein großes Gewisper um den Autor der *Scenes* erhoben; wer sich hinter dem »nom de plume« verberge. In ihrer Heimatstadt fragen manche heute immer noch: George Eliot, who is he?

Who is she? Sie war die Madonna des viktorianischen Kulturbetriebs und die erfolgreichste Autorin ihrer Zeit.

Adam Bede, Die Mühle am Floss, Middlemarch und vier weitere Romane hatten sie berühmt, reich und ein bißchen einsam gemacht. Hochverehrt war sie, aber auch viel geschmäht, da sie gewagt hatte, in wilder Ehe mit einem bereits verheirateten Mann zusammenzuleben: George Henry Lewes, der häßlichste Mann von London, aber offenbar auch einer der liebenswürdigsten, frechsten und geistreichsten. »To L. I owe it« – aus diesem Wörterklang soll ihr Pseudonym entstanden sein.

Von ihren Zeitgenossen maßlos gepriesen, um die Jahrhundertwende dann als überspannte Langweilerin in Vergessenheit geraten, empfahl Virginia Woolf sie erneut der allgemeinen Wertschätzung: »Kehrt man nach Jahren der Abwesenheit zu den Büchern zurück, fühlt man, selbst wider Erwarten, die gleiche Wärme und Energie davon ausgehen und hat keinen größeren Wunsch, als darin zu verweilen, wie in der Sonne, die von der roten Mauer des Obstgartens niederstrahlt.«

Nuneaton und Warwickshire waren George Eliots geistiges Kraftfeld und ihr Steinbruch der Erinnerung, aus dem ihr Bruder Isaac sie verbannt hatte, als er von ihrer unsanktionierten Verbindung zu Lewes erfuhr. Mit dreißig Jahren hatte sie Warwickshire verlassen, um in London eine angesehene Literaturzeitschrift zu redigieren. Sie kehrte nicht wieder zurück; aber sie bewahrte das pastorale Bild ihrer Heimat mit Liebe und Genauigkeit im Gedächtnis: »Wiesen und Weiden, wo die Hecken noch in unbeschnittener Schönheit wachsen und die roten Früchte für die Vögel ausbreiten durften ... die vereinzelte Hütte mit der Berg- und Tallandschaft aus Moos auf dem uralten

Strohdach, auf dem sich Licht und Schatten wunderbar abwechselten; im späteren Leben reisen wir weit, um so etwas zu sehen, und wir sehen es gewaltiger, nicht aber auch schöner.«

»Eine glückliche Jugend«, seufzt Mrs. Adams, »intensely happy years«. Sie ist sogar geneigt, Bruder Isaac den bösen Akt der Vertreibung nachzusehen, da Eliots heimwehkrankes Herz sonst nie zu literarischen Höhenflügen aufgestiegen und die Welt ein wenig ärmer wäre. Miss Lynn muß sich doch sehr wundern über diese unerwartete Parteigängerschaft, die sie einem Pakt von Provinzbewohnern gegen die freie Luft der Städte zuschreibt. Glücklich? Hier? Da ist sie entschieden anderer Meinung.

Mary Anne, dieses unbefreundete strenge Mädchen mit der niedrigen Stirn, den kleinen grauen Augen und einer riesigen hängenden Nase, das nicht wußte, wohin es den Überschwang seiner Gefühle richten sollte ... Erst geißelte sie sich durch diese schauderhafte evangelikale Phase, dann verliebte sie sich in einen eitlen alten Trottel ... ganz blamabler Abgang. Der Streit mit dem Vater, als sie plötzlich zu den Freidenkern überlief und sich weigerte, zur Kirche zu gehen, brachte die ganze Familie gegen sie auf. Wochenlang hat der alte Bussard sie angeschwiegen. Als gute Tochter pflegte sie ihn dann bis zu seinem Tod, doch nicht einmal die Bücher, die sie ihm vorlas, hat er ihr vererbt. Nuneaton und Umgebung – ha! Intensely painful years.

Am Abend haben sich alle fein gemacht, um mit dem Bus nach Arbury Hall zur Dichterlesung zu fahren. Miss Lynn trägt sogar ein schwarzes Hütchen mit Schleier, Mrs.

Waule einen bonbonrosa Überzieher aus hauchdünnem Plastik, bei dessen Anblick Miss Lynn einen Mundwinkel einzieht. Arbury Hall spielte eine zentrale Rolle in der Geschichte der jungen Mary Anne Evans. Ihr Vater war der Verwalter des Junkers. Wenn er in Geschäften unterwegs war, setzte er das Töchterchen bisweilen bei der Haushälterin im Schloß ab, wo es ein Glas Milch und einen Keks bekam und reichlich Gelegenheit, sich die Räumlichkeiten einzuprägen. Später stand ihr die Bibliothek offen. In *Mr. Gilfil's Love Story* beschreibt sie die tortengleichen neogotischen weißen Stuckdecken, den zauberhaften Blick aus den hohen Fenstern über den schwellenden Rasen zu den alten Zedern und die Kunstschätze, die ein verflossener Squire auf seiner großen Kavalierstour in Italien erbeutet hatte.

Seitdem scheint nichts verändert. Miss Lynn, auf einem zierlichen Stuhl im Salon, träumt zum Fenster hinaus, während wohlgesetztes, sonores Englisch ihr Ohr erfreut. Der Schauspieler Gabriel Woolf liest aus George Eliots Werken: Dort draußen hatte sie zwei Ladys mit ihrer Stickerei in den Abendsonnenschein gesetzt, auf Kissen neben den Seerosenteich – und der gute Pastor Gilfil, hier an ihrer Stelle, nippte an seinem Claret und betrachtete die eine mit heißem Herzen. Ach, wenn sie ihn doch geliebt hätte …

Miss Lynn ist ganz hinüber; der Vorleser schon ganz woanders, gestenreich, zungenfertig das Genöle alter Tanten auskostend und das Geschwätz von gestern an Wirtshauskaminen. Witzige, feurige George Eliot! Leider ist es im Salon recht kühl. Mrs. Waule friert und langweilt sich ungeniert, und da sie diesem Verdruß Ausgang schaffen muß, wendet sie sich in der Pause an Miss Lynn: »Ich fürchte fast, Sie finden es schwierig, unseren heimischen Dialekt zu verstehen. Er ist höchst ungewöhnlich.« »Das mag wohl sein«, erwidert Miss Lynn mit boshaftem Lächeln, »aber da mir die Texte durchaus bekannt sind, stellt der Dialekt kein unüberwindliches Hindernis dar.«

Nach dem Vortrag schreiten die Gäste aus dem Salon in den noch kälteren Speisesaal zu einem Supper aus belegten Weißbroten, Würstchen, Gurken, Windbeuteln und Eiskrem. Ihre Ladyschaft, die der Lesung beigewohnt hat, plaudert, in ihren Zobel gehüllt, mit dem Künstler. Mrs. Waule friert grausam in ihrem rosa Regenmantel. Über ihr Weinglas mustert sie die Portraits elisabethanischer Damen, die bereits vor 500 Jahren in diesem Saal festgefroren sind. Nach dem Eis fliehen alle zurück in die Wärme des Hotels und zu den gesegneten kleinen Maschinen, mit denen man Tee auf dem Zimmer bereiten kann.

Am nächsten Morgen erklärt Mrs. Adams im Museum von Nuneaton ihrer Gruppe, welche Bewandtnis es mit den drei lebensgroßen Figuren hinter dem Mahagonigeländer hat. Miss Lynn weiß natürlich schon Bescheid. Sie war eine halbe Stunde vor den anderen da und zeichnet nun das Muster aus Jetperlen am stahlblauen Kleid der George-Eliot-Figur ab. Piano und Sekretär und die roten Portieren deuten das Interieur ihres Londoner Hauses an. Lewes mit gut getroffenem Zottelkopf steht am Kamin, und im Sessel, die *Times* ausbreitend, sitzt John Walter Cross, ein Freund des Hauses, den Eliot achtzehn Monate nach Lewes' Tod heiratete.

Sie war sechzig, er vierzig. Die Beziehung erschien nicht ganz so erfüllt wie die zu Lewes. Auf der Hochzeitsreise sprang Cross in Venedig in den Canal Grande, wurde jedoch heil herausgezogen. Der Tod kam weiteren Komplikationen zuvor. Eliot starb ein halbes Jahr später. Diese Geschichte hätte Miss Lynn natürlich brennend gern Mrs. Waule erzählt. Da es jedoch bereits Mrs. Adams tut, begnügt sie sich damit, die übrigen Exponate ohne Blitz und mit fester Hand auf einen 200-DIN-Film zu bannen: eine emaillierte Gürtelschnalle, ein Bettjäckchen, ein Stück Spitze, ein Paar Handschuhe, ein Riechfläschchen und ein Paar weiße Stoff-Stiefeletten.

Auf dem Newdegate Square am Ende der Fußgängerzone sitzt die Lady in Bronze, still wie eine Tulpe und blickt in ihren Schoß. »Wir lieben dieses Denkmal, weil es im traditionellen Stil ausgeführt ist«, sagt Mrs. Adams mit diskretem Stolz. Die George Eliot Fellows lieben es überdies, weil es ihre Idee war und sie die Spenden dafür zusammengetrommelt haben. Leider war 1986 zur Enthüllung kein Mitglied der königlichen Familie zugegen, obwohl man zweimal angefragt, den Termin eigens verschoben hatte und die Herzogin von Kent ganz in der Nähe weilte. Die Fellows waren sehr enttäuscht. »Wußten Sie, daß George Eliot das ganze königliche Geschmeiß in einen Zoo stecken wollte«, wendet sich Miss Lynn, die Gift für zwei besitzt, an Mrs. Waule. »Das war allerdings in ihrer antagonistischen Phase.« Mrs. Waule, die es natürlich nicht gewußt hat, und der diese Kundgebung ziemlich grob und überraschend kommt, erwidert mit Würde: »Miss Lynn, ich schäme mich für Sie! Wie können Sie so ein Wort in den Mund nehmen!« »Welches Wort?« fragt Miss Lynn voll zänkischer Unschuld, aber Mrs. Waule hat ihre Aufmerksamkeit bereits wieder Mrs. Adams Vortrag geschenkt.

Geschaffen hat das Monument der Bildhauer John Letts, der auch listigerweise den Schlüssel zu Astley Church in seinem Studio aufbewahrt, einer weiteren Station auf der Busreise. So defilieren die Besucher erst einmal an seinen Werken vorbei, ehe es zur Kirche hinaufgeht. Sollten sie nicht schon aus Höflichkeit einen kleinen Bronze-Uhu als Briefbeschwerer kaufen? Oder eine Portraitbüste von Charles Bronson? Oder eine der vielen langbeinigen Ballerinen mit Pferdeschwanz? Miss Lynn flüstert Mrs. Waule zu: »Wenn man diesen Mist hier sieht, kann man ja noch von Glück sagen, daß ihr Denkmal so glimpflich ausgefallen ist.« Mrs. Waule gibt ihr und den Umstehenden durch einen Blick zu verstehen, daß Miss Lynns Kommentare ihr langsam zur Strapaze gedeihen.

Es regnet. Auf dem Kirchhof klatscht ihnen das hohe Gras wie nasse Lappen um die Beine. Astley Castle liegt zusammengebrochen jenseits der Mauer; Holunder wächst ihm aus dem Dach. Der rote Turm von Astley Church ist gewaltig und stand einmal einer viel breiteren Kirche vor. In ihrem Innern kann Mrs. Adams endlich die *Scenes of Clerical Life* aufschlagen, die sie seit zwei Tagen mit sich herumträgt. »Erinnern Sie sich an *Mr. Gilfil's Love Story*, an diesen reizenden, zerstreuten Pfarrer, der sonntags von einer Kirche zur anderen sprengt und manchmal erst bemerkt, daß er seine Sporen nicht abgelegt hat, wenn sie ihn auf seinem Weg zum Altar bei jedem Schritt am Talar zupfen? Hier ist es gewesen.« Und Mrs. Adams deutet beim Vorlesen auf die Ritter und die Fresken, die George Eliot nach Jahren der Abwesenheit noch vor Augen standen. »Eine wundervolle kleine Kirche mit einem Schachbrett-Boden, der einstmals widerhallte von den eisernen Schritten kriegerischer Ordensbrüder und mit den nasenlosen marmornen Rittern und ihren Frauen, die einen Großteil des Raums beanspruchten ...«

Der gegenwärtige Pfarrer von Astley hat Aufrufe an den blätternden Putz geklebt, in denen er auf den beklagenswerten Zustand des Gotteshauses hinweist und um eine Spende bittet. Mrs. Waule wirft unter dem niedrigen Türrahmen einen gefühlvollen Blick zurück und bemerkt zu Miss Lynn, die eine dicke Pfundmünze in die Dose gesteckt hatte, es sei doch eine Schande, daß solch ein Kulturdenkmal verfalle. Sie sei sicher, es gäbe irgendwo einen untätigen Italiener, der sich aufs Restaurieren verstünde, und der in Astley Church ein reiches Betätigungsfeld fände. Miss Lynn, von soviel Respektlosigkeit gegen Kunst und Kunstschaffende erhitzt, hält dagegen, daß der Junker von Arbury Hall, dessen Familie ausführlich zwischen den nasenlosen Rittern verewigt ist, einen seiner vielen Schinken veräußern möge, vielleicht den Reynolds über dem Kamin im Salon, und das Dach von Astley Church sei gerettet. »Ich wünschte, sie wären weniger widersetzlich«, entgegnet Mrs. Waule und klettert in den Bus.

In Griff House verbrachte George Eliot ihre Jugend; ein stattliches Haus in einem großen Park voll alter Bäume. Am Tor rasselte zweimal täglich die Postkutsche zwischen Stamford und Birmingham vorbei. Heute ist Griff House ein Restaurant der Beefeater-Kette in einem Gewirr von

Autobahn-Zubringern. Hier kehren die Spurensucher auf eine Tasse Tee und ein Plätzchen ein. Mrs. Adams führt Grüppchen à vier durch die Bar, in der Trockenblumensträuße in Kugelgestalt von der Decke und nachgemachter viktorianischer Tinnef von den Wänden hängen, in die kleine Eingangshalle.

»Über diese Steinfliesen ist sie gegangen«, sagt sie ehrfürchtig, »und dort neben der Tür war das Kontor ihres Vaters.« Mrs. Waule, die schon eine Weile das verliebte Treiben eines jungen Paare in dieser abgelegenen Ecke mißbilligend beäugt hat, richtet ihre Nase streng gegen die unschuldigen Jugendlichen. »Sie sitzen im Kontor von Mr. Evans, dem Vater von George Eliot«, sagt sie laut, als befände sie sich schon länger im Besitz dieses authentischen Wissens. Das Paar kichert und das Mädchen schneidet ein Gesicht hinter ihrem Rücken. In der Bar jubeln die Computerspiele. Mrs. Waule besichtigt die Toiletten und glaubt nicht, daß man mehr als dreißig Buspassagiere auf einmal in Griff House abladen könnte.

Am Ende geht es kraft einer Sondergenehmigung seiner Lordschaft mit dem Bus im strömenden Regen über Parkwege zu South Farm, wo Mary Anne Evans 1819 geboren wurde. Rings um Arbury Hall ballern die Jagdgewehre und erinnern die Besucher daran, daß sie in diesem Teil der Welt wirklich nur ausnahmsweise geduldet sind.

South Farm ist bewohnt und bewirtschaftet; ein Blick übers Gatter muß genügen. »Hier gibt es nichts zu sehen«, entscheidet Mrs. Waule gebieterisch. Miss Lynn hebt den Schirm zu den regenüberflossenen Fenstern, als grüße sie ein langes weißes Gesicht dahinter. »Adieu, Mrs. Waule«, sagt sie leise, »kommt nicht wieder«, und mit dieser Spitze ist sie besonders zufrieden, denn so hatte es George Eliot auch formuliert.

Ein König zum Fürchten

Heinrich VIII.

Die Verbrechen & Grausamkeiten dieses Königs waren zu zahlreich um aufgezählt zu werden & nichts kann zu seiner Verteidigung angeführt werden, als die Tatsache, daß er Kirchen und Klöster aufgelöst und sie den Verwüstungen der Zeit überlassen hat – zum unendlichem Nutzen für die englische Landschaft...

Jane Austen, 15 Jahre alt

War er ein Ungeheuer? Oder ein weiser, fähiger Herrscher? War er der große Verwüster seines Landes oder der Gründer von Englands Glorie? Ein Raffzahn mit erlesenem Geschmack? Ein Schlagtot, der dreimal am Tag zur Messe ging? Ein Blaubart, der anderen das Sakrament der Ehe predigte? Ein hochmilder Vater, der sein Volk knechtete, daß es »weder die Kühnheit noch die Kraft besaß, ihm zu widerstehen«? (seine Worte). Ein Vielfraß, der zierlich tanzte? Ein wandelndes Geschoß und Schrecken seiner Höflinge, der selbstkomponierte Liedlein zur Laute sang: »Pastime with good company...«?

Heinrich VIII. war alles zusammen und noch etwas mehr. Ein Monster reinen Herzens. Ein mörderischer König, der gleichwohl weitreichende, wichtige und interessante Dinge tat. Eine Ausstellung im National Maritime Museum in Greenwich zeigte im wohltuenden Abstand von 500 Jahren das politische, persönliche und mäzenatische Wirken dieses Tudors, »der Blume und des unanfechtbaren Erben« zweier versöhnter Dynastien (der Yorks und der Lancasters). Schlösser, in denen er wohnte und solche, die er nur einmal auf der Jagd beehrte, profitieren bis auf den heutigen Tag von ihrer Verbindung mit Englands berüchtigstem König.

Chenies Manor House in Buckhinghamshire zum Beispiel, heute das Heim von Colonel McCloud-Matthew, ein roter Ziegelbau aus dem Jahr 1416 mit Schornsteinen wie Korkenzieher, umgürtet von Rosen und Kletterhortensien, Buchs und Schneeball, korrekten Kieswegen und einem Rasen so dicht und kurz wie ein Hundefell. In der Linde, unter der Königin Elizabeth I. einen Ohrring verloren haben soll, wühlt der Wind. Hier war der König mit seiner fünften Frau, Catherine Howard, abgestiegen, er 51, sie 21, ein vernunftloses Geschöpf, das Heinrichs Vernarrtheit für einen Freibrief hielt, und, wie Mr. Glegg, der Führer von Chenies Manor mit Gusto vermerkt, zwei exboyfriends in ihrem Gefolge mitführte.

Das behagliche Wohnzimmer von Colonel McCloud-Matthew zu ebener Erde war das Schlafgemach, in das Heinrich seinen schweren Leib bettete, während Catherine über die schmale Treppe das erste Stockwerk gewann und dort mit Mr. Culpepper oder Mr. Dereham ... wie auch immer: An jedem 9. September, der Nacht des Jahres 1542, als es geschah, sind schwere Schläge und bewegtes

Rumpeln in diesem Flügel zu hören, und die Hunde des Colonels – ausgezeichnete und mutige Tiere – suchen mit eingekniffenen Schwänzen die Sicherheit des Küchentrakts. Vier Wochen nach ihrem nächtlichen Ausflug wurden die untreue Königin und ihre Liebhaber im Tower enthauptet.

Mr. Glegg, gefragt, ob er sich derlei Gepolter als das geisterhafte Treiben des unberatenen Trios erkläre, lächelt schlau und sagt, er könne gar nichts erklären, aber er habe zum Zeugen Mrs. McCloud, die Hunde und nicht zuletzt den Hausverwalter, auf dessen Dachboden alle paar Wochen mädchenhaftes Gekicher zu hören sei – dies allerdings aus einer anderen Epoche, als Soldaten in Chenies Manor einquartiert waren, und junge Weibsleute aus Amersham und Rickmansworth ihrer Gesellschaft offenbar nicht widerstehen konnten.

Keine Zeugen haben zwei alte Damen aus Hampton Court, Heinrichs Schloß an der Themse bei Richmond, die die verzweifelten Schreie der Catherine Howard auf dem Flur zur königlichen Kapelle vernommen haben wollen. Die Angeklagte hatte ihre Wachen überlistet, war durch das Schloß gelaufen, hatte an die Kapellentür gehämmert und den Gatten, der dahinter im Gebet verharrte, um Gnade angefleht – vergeblich.

„Die FRAUEN!“ sagt der Historiker David Starkey, ein Herr im blauen Nadelstreif, der die Ausstellung im Maritime Museum ausgerichtet hat, hebt die Augen zur Decke und faltet seine Hände in einer eher südländischen Geste der Fassungslosigkeit. »Jeder weiß, daß Heinrich VIII. sechs Frauen hatte, aber wie viele wissen, daß er 55 Paläste sein eigen nannte, die mit über zweitausend Gobelins geschmückt waren, über zweitausend Teile Geschirr, 41 Staatsgewänder... wer weiß, daß er die englische Südküste von der Themsemündung bis Milford Haven befestigen ließ?« Daß er die königliche Marine von den zwei seetüchtigen Kähnen, die ihm sein Vater vererbt hatte, auf siebzig moderne Schiffe aufrüstete, und vor allem, daß nicht der Krieg sondern der Frieden zu seinen großen, weitreichenden Inszenierungen gehörte?

Gewiß haben die meisten Besucher des Maritime Museums, ehe sie umfassend und didaktisch wertvoll mit allen Aspekten dieses herrschaftlichen Lebens bekannt gemacht werden, nur ein unscharfes Bild von Heinrichs politischem Wirken oder dem Inhalt seiner Geschirrschränke. Aber was sind zweitausend Teller oder ein Dutzend unleserlicher Friedensverträge gegen die rotblonden und braunen Köpfe unter den Hauben, die hohen Stirnen und verkniffenen Mündchen von sechs Gattinnen? Ihre Augen sind es – verträumt, zweifelnd, keck – die dem Besucher auf seiner Reise folgen. »Geschieden, geköpft, gestorben – geschieden, geköpft, überlebt« heißt die Eselsbrücke, die sich auf Englisch reimt, und die zu den drei Katherinen, zwei Annas und einer Jane führt.

Begonnen hatte alles einmal auf Leeds Castle bei Maidstone in Kent, einem honigfarbenen Schloß über zwei Inseln, eingesponnen in schöne Düfte. Neben dem See liegt zwischen Buchs-Rabatten der alte Kräutergarten, und jeder Luftwirbel rührt Kampfer und Minze, Melisse, Weihrauch und Lavendel auf. Durch junge Eibenhecken führt der Weg durch den Irrgarten in eine Grotte. Ein Paisley-

Muster aus Kieseln glänzt im Wassernebel; in Nischen und unter der Decke verbergen sich krustige Wesen aus Muscheln, Stein, Putz, Holz, Federn und Werg. Einer gewaltigen Typhon-Maske strömt Licht aus den Augen und Wasser über den Bart.

Auf Leeds Castle verliebte sich 1422 eine französische Königin in ihren walisischen Garderobier, Owen Tudor. Die beiden begründeten eine Linie hübscher, gleichwohl geneologisch schwächlicher Nachkommen. Speziell die Söhne brachten nicht viel Eindrucksvolles zustande. Zeugen im Prozess Heinrichs VIII. gegen Anne Boleyn, die außer ihrem Kopf nichts mehr zu verlieren hatten, zitierten die Angeklagte, daß der Tudor-Enkel weitgehend impotent sei.

In der Galerie der Königin auf Leeds Castle ist das Wappen von Katharina von Aragon, der ersten Frau Heinrichs, in den Kaminsims eingegraben (es wird aus der Zeit stammen, bevor sie in Ungnade fiel), und wir dürfen uns vorstellen, wie sie nebenan in der Badekammer in den mit feinen Leinentüchern ausgehängten Zuber stieg und auf dem Schemel Platz nahm, um sich mit warmem, parfümiertem Wasser begießen zu lassen. Vielleicht ging ihr beim Aussteigen ihre Kammerfrau Anne Boleyn zur Hand, deren Schmuckkästchen in Leeds Castle geblieben ist.

Auch in Hampton Court bei Richmond war Katharina zu Besuch; ein ziegelroter Tudor-Palast, den der Erbauer, Kardinal Wolsey eilig seinem Souverän schenkte, als er fühlte, daß sein Stern im Sinken begriffen war. (Der Kardinal schaffte es gerade noch, im Bett zu sterben). Heinrich hatte in großes Faible für die Burg an der Themse. Auf dem Fluß konnte er geschwind zu seinen Palästen in Greenwich, Whitehall und zum Tower gerudert werden und mußte sich nicht unter Geschmetter einen Weg durchs ländliche Gewühl bahnen. Als er 1529 in Hampton Court einzog und eine Luxus-Renovierung anordnete, war Katharina bereits mit der gemeinsamen Tochter Mary in abgelegene, feuchte Gemäuer verbannt, wo sie, in des Königs stiller Hoffnung, sterben oder ihr Geist sich verdüstern sollte. Sie hatte in 24 Jahren Ehe versäumt, dem Monarchen den dringend benötigten männlichen Erben zu schenken. Vier Söhne waren tot geboren oder starben nach der Geburt. Heinrich, der gerne mit sich und seinem Gott im Reinen war, überzeugte sich davon, daß jener ohne Wohlgefallen auf seine Ehe blickte und fand die entsprechende Bibelstelle, die eine Scheidung anempfahl. Zudem war er bereits für Anne Boleyn entflammt. Diese Frau, die der Historiker Starkey »eine Tussi« nennt und die Dichterin Edith Sitwell »eine Fee mit Erdbeeratem«, ließ Heinrich den Bruch mit dem Papst, Exkommunikation, Schisma und die Feindschaft der kaiserlichen spanischen Verwandtschaft wagen.

Die Folgen waren interessant und weitreichend. Heinrich machte sich selbst zum Verteidiger des wahren Glaubens, löste die Klöster auf (die auch die einzigen Hospitäler darstellten), konfiszierte ihre Schätze und schmolz das Blei auf ihren Dächern zu Kugeln ein. 88 000 Menschen fanden sich ohne Obdach, dazu jene, die sie betreut hatten. »Diese lagen in den Straßen Londons herum, verbreiteten ihre Krankheiten und ihr Elend, hungrig, nackend, mit Wunden, die unter der brennenden Sonne und dem kalten Mond sich ausdehnten und zersetzten, so daß ihr Gestank zu den Vorübergehenden drang. Manchmal erhoben sich einige der weniger Hilflosen, um in Gruppen von unförmigen Stümpfen und Rümpfen mit wogenden Lumpen an den Palästen und Klöstern vorbeizuschwärmen, deren alte Bewohner verschwunden waren. Wenn sie ohne schriftliche Erlaubnis bettelten, wurden sie mit dem Schandpfahl, der Peitsche, Brandmarkung, Sklaverei oder dem Galgen belohnt.« (Edith Sitwell).

Andere lebten besser, wie sich in den Küchen von Hampton Court noch trefflich studieren läßt. Zwar mußten die 230 Angestellten in voller Livree in einer Hölle aus prasselnden Feuern und Dunstschwaden in den Kesseln rühren und die Bratspieße drehen, doch wurden sie zumindest satt von den Resten, die von der Herren Tische fielen. Adrett sieht es dort heute aus, kühl, weißgekalkt und blankgeschrubbt. Auf dem Eichentisch liegt ein Damhirsch zum Tranchieren bereit; Fisch und Pasteten sind auf Zinngeschirr angerichtet. Körbe voll Knoblauch, Rosmarin, Ingwer und Mandeln, Eier im Stroh, der Stößel im Mörser, das Leintuch über der Stuhllehne, die Pantinen in der Ecke – es sieht aus, als solle das Rösten und Sieden, das Mengen und Rühren gleich wieder aufgenommen werden; als sei der Strom der Diener treppauf in die große Halle nur unterbrochen. Ganze Pfauen trugen sie hinauf, gebraten und wieder ins Federkleid gehüllt, Kathedralen aus vergoldetem Marzipan und Zwei-Liter-Krüge mit dicker Soße. 5000 Kalorien verspachtelte ein Tudor-Höfling am Tag, Unmengen von Zucker und Fleisch.

60 000 Gallonen Wein und Ale schluckte der Hof übers Jahr. Die Kerle waren Schwerathleten, die zum Sport ihre Rüstungen schleppten und im gestreckten Galopp mit endlosen Lanzen aufeinander einstachen – Heinrich immer vorneweg, als junger Mann von erlesener blonder Schönheit und Körperkraft, wenn man den Chronisten glauben darf. Und tanzte nach dem Stechen in der großen Halle mit Sprüngen wie ein Hirsch bis hinauf zur Galerie der Musiker...

In Hampton Court ließ er nicht nur einen Turnierplatz, sondern auch eine Kegelbahn und einen Tennisplatz anlegen. Noch heute wird im Palast »real« nämlich »royal tennis« gespielt, mit langstieligen Rackets und schwirrenden Geschossen, die von Wänden und Decke abprallen. Hier soll der König Bälle gedroschen haben, als seine »Fee mit Erdbeeratem« nach drei Jahren Ehe im Tower enthauptet wurde. Eine andere Legende besagt, daß er mit ihrer Nachfolgerin, Jane Seymour, im Park von Richmond beim Picknick saß, als die Böller den Tod der Anne Boleyn verkündeten. Die zweite Gattin hatte nämlich ebenfalls das Ziel verfehlt. Das lang ersehnte Kind war wiederum ein Mädchen – die spätere Königin Elisabeth I. Gott war leider auch gegen diese Ehe.

Jane, das stille Fräulein mit dem grünlichen Teint – auch sie die Hofdame einer verflossenen Königin – gebar endlich den dringend benötigten Knaben, starb jedoch in Hampton Court im Kindbett. Der Erbe hatte nicht lange Freude an der Regentschaft; er wurde nur 15 Jahre alt. Am Ende verbrachte Heinrich die letzten Jahre mit Catherine Parr, Gemahlin Nummer sechs, einer geduldigen Dame, die ihn überleben sollte, in seiner roten Burg an der Themse; Heinrich, zu fett und zu krank um herumzugehen, geplagt von Geschwüren in den Waden, die Folge alter Reitunfälle. Knochensplitter führten immer wieder zu neuen Vereiterungen und schließlich zur Blutvergiftung. Wenn die Schmerzen zu arg wurden, legte der König sein Bein in den Schoß der lieben Käte: Endlich Friede! Endlich Glück – oder doch eine Art von Glück.

Ein Teil von Hampton Court wurde zweihundert Jahre später umgebaut, die Gärten im französischen Stil neu gestaltet. Nichts mehr ist zu sehen von den Badehäusern und Toiletten (mit Fluß-Spülung), die der auf Hygiene und die Gesundheit seines Erben bedachte König anlegen ließ. Außer der famosen Küche, der Kapelle und dem Bankettsaal erinnert wenig an den »Junker Heintz«, wie Luther ihn nannte, und seine Familie.

Stücke ihrer privaten Biographie sind eher in Hever Castle in Kent zu finden, dem Märchenschloß der Boleyns hinter der Zugbrücke, von der eine ausgeschlafene junge Dame ihrem hochverliebten Königssohn entgegensah. Mehr als ein Kuß im Heckenlabyrinth wurde ihm nicht gestattet, bis Anne selbst Königin war. In ihrem schlichten Jungmädchenzimmer liegt das Stundenbuch, das sie schließlich mit aufs Schafott nahm, und an dessen Rand sie schrieb: »Bitte erinnere dich meiner, wenn du betest und daran, daß die Hoffnung wächst mit jedem Tag.«

Heinrichs Gästebett steht einige Türen weiter, und wir glauben gern, daß er sich in ein ebenso schönes weißes Seehundfell gewickelt hat, wie es heute den Vierpfoster bedeckt. Unter Glas, zum Zerbrechen alt und delikat, liegt die seidene Babywäsche, die seine Tochter Elizabeth für ihre ältere Halbschwester Mary genäht hat. Doch die Schwangerschaft war nur Schein. Kein Kind hat sie je getragen. Die katholische »blutige Mary« starb ohne Nachkommen und machte Platz für Elizabeth I.

Was in Leeds Castle und Hampton Court so groß und staatsmännisch daherkommt, ist in Hever Castle klein und familiär. Auch die exquisite Sammlung handlicher Folterinstrumente gleich neben dem Wohnzimmer: Daumenschrauben, Ketten, eine Menschenfalle, Fleischzwicker, Würgeisen, neunschwänzige Katze, Beile, um Hände und Finger abzuhacken – nichts Weltbewegendes, nur das Alltägliche offenbar. Schandmasken für den Pranger und solche, in denen den Gefolterten die Zunge festgeschraubt wurde, oder ihr Schrei durch eine kuriose kleine Pfeife als lustiger Laut entwich.

Heinrich überschrieb, nachdem er die Boleyns ruiniert hatte – den Bruder wegen Blutschande hingerichtet, den Vater enteignet – in einzigartiger Schlichtheit ihr Familienschloß seiner vierten Gattin, Anna von Kleve, als Abfindung. Er hatte sich von seinem Premierminister (der keine Gelegenheit fand, im Bett zu sterben), in eine politische Verbindung mit der deutschen Prinzessin hineinreden lassen. Das bestellte Portrait von Hans Holbein, das ein liebes, vielleicht nicht allzu temperamentvolles aber gar nicht häßliches Mädchen zeigt, hatte ihn überzeugt, daß er sich in Anna hinreichend verlieben könnte. Als Majestät jedoch seine Braut nach Überquerung des Kanals in Empfang genommen hatte, sank ihm nicht nur der Mut. Er nannte die Prinzessin von Kleve sein belgisches Kaltblut und fühlte sich außerstande, ihr ehelich beizuwohnen. Anna ertrug die keuschen Gutenachtküsse dieses bereits ziemlich unappetitlichen Herrn und war nach einem halben Jahr mit der Scheidung durchaus einverstanden.

Die Fäden, die in Greenwich, Hampton Court, Chenies Manor und Hever Castle gesponnen wurden, führen am Ende alle zum Tower von London. Seine weißen Mauern halten den Touristenscharen heute kaum noch stand. Sie haben eine ganz eigene Gruseligkeit, die mit der neu-englischen Gemütlichkeit und den vielen bunten Fräcken, die sich dort herumtreiben, nicht konvertibel ist. Am frühen Morgen, ehe sich die Tore öffnen, ist Tower Green eine Idylle. Der Milchmann fährt vor, Wachmannschaften und Verwaltungsbeamte rüsten sich zur Tat. Der Kaplan führt seinen Hund spazieren, vorbei an der Stelle, wo das Schafott stand, den Kerkermauern und den Fenstern, von denen Anne Boleyn und Catherine Howard sahen, wie ihre Freunde hinausgeschleppt wurden in die Stadt, um auf Tower Hill vor einer hochanimierten Menge geköpft zu werden, ehe sie selbst zum Block geführt wurden. Im gut sortierten Souvenirladen gibt es Heinrich als Eierwärmer und einen Scharfrichter zum Ausschneiden.

Menschenmengen warten heute auf den Eintritt zur Folterabteilung, bestaunen in der Waffensammlung Totschlaginstrumente von hoher Effizienz und die Rüstung des kolossalen alten Heinrich. Da steht er wie ein Bär, der zum Angriff schreitet, die gepanzerten Ellenbogen leicht gespreizt, breitbeinig, dazwischen die blecherne Beule für das unberechenbare Instrument. Ob sich das halslose Ungeheuer je von hinten gesehen hat? Seine rundbeschlagene Kehrseite, die angestrapsten Beinschienen? Ein Kichern hinter seinem Rücken – hinaus mit dem Kerl! Keiner hätt's gewagt.

Aus dem Burgtor war er Anne Boleyn, seiner neuen Königin, unter Fanfarengeschmetter entgegengetreten, als sie mit der Barke durch das Wassertor einfuhr. Drei Jahre später nahm sie denselben Weg ohne Musik. »Ma aimable«, hatte er ihr vor langer Zeit geschrieben, »ich verpflichte mich für immer, Euch aufrichtig zu ehren, zu lieben und Euer Diener zu sein.« Höfische Floskeln, halb Wahrheit, halb Lüge. Gewiß war Heinrich VIII. ein bedeutender König und ein schrecklicher Mensch. Ein Diener war er auf keinen Fall.

Tra-la-la-lira-lira-lay

Sherlock Holmes/Madingley Hall bei Cambridge

Wir wollen dieser ermüdenden Alltagswelt
durch den Seitenausgang der Musik entfleuchen.
Sir Arthur Conan Doyle

Von Dr. Watson wissen wir dies: Sherlock Holmes »war ein begeisterter Musiker und selbst nicht nur ein sehr guter Geiger, sondern auch ein Komponist mit ansehnlichen Leistungen. Er brachte den ganzen Nachmittag in der Parkettloge zu, angetan mit der vollkommensten Heiterkeit; seine langen, schmalen Finger bewegten sich sanft im Takt der Musik, während sein milde lächelndes Gesicht und seine verträumt schmachtenden Augen denen von Holmes, dem Spürhund, Holmes, dem unerbittlichen, scharfsinnigen, zupackenden Kriminalisten so unähnlich waren, wie man es sich unähnlicher nicht vorstellen kann.« Ein Fall von gespaltener Persönlichkeit: Holmes und die Musik. Ein Seminar auf Madingley Hall bei Cambridge verspricht Aufklärung. Lassen Sie uns die Morgenmaschine nach London Stansted nehmen. Ohne, daß wir es bemerkt hätten, ist auch Patrick Halling, Violinist im London Symphony Orchestra, an diesem schönen

Morgen und in derselben Sache nach Cambridge unterwegs. Wir sehen ihn nun im Salon vor dem prachtvollen Kamin, über dem sich zwei neckische Putten balgen, seine kostbare Fiedel an den Hals setzen und Sarasates *Spanischen Tanz* anstimmen. Vor ihm, auf den harten Stühlen der Seminaristen sitzen die Mitglieder der Sherlock Holmes Society. Sie beschäftigt die Frage: Wie klang es wohl vor hundert Jahren, wenn der Meisterdetektiv auf seinem geliebten Instrument kontemplativ herumkratzte? Was spielte er in seinen sonnigeren Stunden Freund Watson vor? *Home sweet home*, das Mr. Halling in einen flotten Strathspey hinübergleiten läßt? Wie war es möglich, daß Graf Sylvius Offenbachs *Barkarole* durch Holmes Schlafzimmertür vernahm (»Zum Teufel mit dieser Jammermusik; sie geht mir auf die Nerven«), obwohl 1903, als Conan Doyle den *Mazarin-Stein* schrieb, *Hoffmanns Erzählungen* in England noch gar nicht aufgeführt war, und es weder einen Auszug für Violine noch eine Grammophon-Platte davon gab?

Die Antworten könnten von eminenter Bedeutung sein, wenn auch nur für diesen überschaubaren Kreis. Aber es muß ja nicht jede Veranstaltung die Ausmaße der Weltbevölkerungskonferenz annehmen. S*herlock Holmes and Music* hat 50 Freunde der Deduktion übers Wochenende nach Madingley Hall geführt, »an elegant country house« – zu deutsch ein Schloß – aus dem 16. Jahrhundert und eine der Universität Cambridge angeschlossene Institution für Erwachsenenbildung, drei Meilen außerhalb der Stadt gelegen. »Jedermann ist willkommen«, sich in Madingley Hall über mittelalterliche Paläographie,

Kriegsschiffe des 18. Jahrhunderts, die Vögel East Anglias oder die Architektur der Karpaten belehren zu lassen. Gibt es für lustvolles Lernen einen charmanteren Ort? Während Mr. Halling Musik von Paganini, Meyerbeer und Mendelssohn – auch auf dem übers Knie gelegten Instrument – streicht, wandert der Blick aus den Salonfenstern über rote, von Kletterpflanzen umbuschte Ziegelmauern, geschraubte Tudor-Kamine, grüne Turmhauben und den mit Flußsteinen gepflasterten Hof. Hinter der Bibliothek und einem Bogengang aus Haselbäumen liegt der alte Küchengarten mit versunkenen Beeten in weiß und silbergrau: Kamille, weißer Mohn, Wermut und Rosmarin. An der Mauer ein Bänkchen. Die Sonne macht alles nur noch schöner. Vor dem Nordflügel breitet sich der Krocket-Rasen, an dessen Rand zwischen Buchsbäumen in Vogel- und Spiralgestalt die Eibe ragt, die Capability Brown 1756 pflanzen ließ. Edward VII. wohnte als Kronprinz in Madingley Hall und besuchte – ohne Abschluß – Trinity College. Es mag schon damals kaum übertriebener Ehrgeiz hier geweht haben. »Let's have some fun and music«, sagt Mr. Halling. Grundkenntnisse der Materie sind natürlich wünschenswert; vor den literarisch-musikalischen Witzen der Sherlockians müssen blutige Amateure jedoch erblassen: »Bach to Bakerstreet – A study in Scarlatti – The sound of the Baskervilles.«

Daß Holmes eine Stradivari im Wert von 500 Pfund besaß, die er für 55 Schilling bei einem jüdischen Trödler in Tottenham Court Road aufgegriffen hatte, als er selbst Student in Cambridge war, muß man keinem hier erzählen. Bekannt ist auch, daß er Wagner schätzte und eine

Schrift über *Die polyphonen Motetten Orlando di Lassos* verfaßte, die allerdings wegen der Tautologie im Titel (polyphone polyphone Gesänge) auch als möglicher Bluff gegen den leicht zu beeindruckenden Watson interpretiert wird. Andere Hinweise sind feiner gesponnen. Ein Satz in *Das leere Haus* über »einen reichlich harmlosen Burschen, Parker mit Namen, Straßenräuber von Beruf, ein bemerkenswerter Künstler auf der Maultrommel« hat nach dem Sonntags-Lunch ein zehnminütiges Grammophon-Konzert mit Stücken für Maultrommel zur Folge; das Repertoire ist naturgemäß begrenzt.

Sie sehen, dies ist zweifellos ein netter kleiner Fall von doppelter Realitätsspaltung, aber handelt es sich dabei tatsächlich um eine Veranstaltung im Sinne der Erwachsenenbildung, oder um den Betriebsausflug einer geschlossenen Abteilung, die die absehbare Freiheit zu verschwörerischen Possen nutzt? Einer spielt den Anstaltsleiter, andere geben die Doctores und alle zusammen ein Stück, das nur sie erblicken können. Ein Kapitel Trivialliteratur verwandelt sich unter ihren Händen in die Biographie eines viktorianischen Privatdetektivs, dem die Musik (neben Tabak und Kokain) kleine Fluchten aus seiner strapaziösen, brandgefährlichen Tätigkeit eröffnete. »›Der scharlachrote Faden des Mordes verläuft durch das farblose Knäuel des Lebens, und unsere Pflicht ist es, ihn zu entwirren, zu isolieren und jeden Zoll davon bloßzulegen‹, erklärte er Watson, ›und jetzt ein Lunch, und danach die Norman-Neruda. Ihr Ansatz und ihre Bogenführung sind prächtig. Wie heißt das nette Ding von Chopin, das sie so großartig spielt: Tra-la-la-lira-lira-lay?‹ So lehnte dieser *amateur*-Bluthund sich in der Droschke zurück und trällerte wie eine Lerche vor sich hin, während ich über die vielerlei Seiten des menschlichen Geistes nachdachte.«

Bezeichnenderweise fällt der Name Sir Arthur Conan Doyle nicht ein einziges Mal; ein Autor, der immerhin so freundlich war, Sherlock Holmes samt seinen musikalischen Capricen zu erfinden. Doch Conan Doyles Schicksal ist es, gänzlich hinter seiner Kreatur zu verschwinden, und selbst an der Stätte seiner Geburt in Edinburgh, steht nicht seine Büste, sondern ein Denkmal des Mannes mit dem Deerstalker und der Shagpfeife. »His life was a canon.«

Eine der bemerkenswertesten Figuren in diesem Leben war Irene Adler. Sie werden sich ihrer vielleicht nicht sofort erinnern, aber für Holmes war sie *die* Frau, da es ihr als einziger gelungen war, ihn im *Skandal in Böhmen* auszutricksen. Von dieser Abenteurerin mit dem »Gesicht der schönsten aller Frauen und dem Verstand des entschlossensten aller Männer«, die als Jüngling verkleidet, Holmes auf seiner Haustürschwelle einen Gutenacht-Gruß entbietet, wissen wir nur soviel: »Geboren in New Jersey im Jahre 1858. Kontra-Alt – hm! La Scala, hm! Primadonna der Kaiserlichen Oper Warschau – Ja! Rücktritt von der Opernbühne – ha!« Und natürlich daß sie Wilhelm Gottsreich Sigismund von Ormstein, den Großherzog von Kassel-Falstein und erblichen König von Böhmen erpreßte. Zufrieden? Keineswegs. Dr. John Warrack, Musikprofessor aus Oxford, entfaltet Irene Adlers Biographie als die einer nach Amerika emigrierten polnischen Jüdin (sie erscheint in Holmes' Index unmittelbar nach einem Rabbi gleichen Namens), und da Dr. Warrack selbstverständlich damit vertraut ist, welche Opern wann in Mailand und Warschau inszeniert wurden, deduziert er die Rollen, die Mademoiselle Adler in ihrem Fach gesungen hat, äh – hätte. Adalgisa in Bellinis *Norma*? Amneris in *Aida*? Am ehesten wohl *Orpheus* von Gluck, der Jünglings-Frau auf den Leib geschrieben. Dr. Warrack hat einen ganzen Stapel gruftiger Tondokumente mitgebracht, die klingen, als hätte man *Aida* bei Fliegeralarm aufgenommen. Was lang verblichene Primadonnen einmal in Trichter sangen, was Nadeln in Wachswalzen ritzten, tönt nun schaurig-schön vom CD-Player. Die Kristall-Lüster schwanken.

Lassen Sie uns den Fall in Ely beschließen, eine kleine Stadt mitten in den flachen Fens, aus denen die gotische Kathedrale wie ein steinernes Wunder aufragt. William Turner hat ihren Innenraum gemalt, die wie Fächer aufspringenden Säulen, die den achteckigen Kuppelaufsatz tragen, durch den das Licht strömt. Auf besonderen Wunsch der Sherlock Holmes Society wird der Chor an diesem Sonntagsmorgen während des Gottesdienstes Motetten von Orlando di Lasso aus *Missa Bell'amfitrit altera* singen. Der Dean der Kathedrale, ein Herr im schwarzen Kittel mit dünnem weißen Haar und randloser Brille erwartet die Sherlockians schon an den ihnen zugewiesenen Bänken. Wie man denn ausgerechnet auf Lasso gekommen sei? Ah, Mr. Holmes war Experte … in der Geschichte von den *Bruce-Partington-Plänen*? Es ging um Spionage, ein U-Boot? Doch nicht etwa um ein gelbes? Ohaha! Kurz darauf steht er, gekleidet wie ein Fürstbischof vor dem Altar und teilt der Gemeinde mit: »Wie wir alle wissen, hat Sherlock Holmes während er die Bruce-Partington-Pläne sicherstellte, einem neuen Hobby gefrönt, der mittelalterlichen Musik, und besonders den Motetten Orlando di Lassos ...« Und dann erheben die Chorknaben ihre Stimmen – Sanctus, Benedictus, Agnus Dei. Es klingt so herrlich polyphon, so himmelselig und tränentreibend, und ist es nicht ein Jammer, daß Sherlock Holmes sie nie gehört hat?

Kurzbiographien

Jane Austen (1775 – 1817). Die Pfarrerstochter aus Hampshire verbrachte ihr äußerlich wenig ereignisreiches Leben im Süden Englands. Ihre Romane *Stolz und Vorurteil, Kloster Northanger, Verstand und Gefühl, Lady Susan, Mansfield Park, Emma, Überredung* (auch unter dem Titel *Anne Elliot*) sind im Reclam- ,Insel- und Manesse-Verlag erschienen; die beiden Fragmente *Die Watsons* und *Sanditon* bei Knaur. Der eFeF-Verlag hat einen kleinen Band aus den Jugendschriften, *Frederic und Elfrida* veröffentlicht.

Charlotte Brontë (1816 – 1855), **Emily Brontë** (1818 – 1848), **Anne Brontë** (1820 – 1849), drei „taubengraue Schwestern" aus Yorkshire, die in sozialer Isolation aufwuchsen und schon in früher Kindheit das Phantasieren und Schreiben zur lebensrettenden Beschäftigung fanden. Später, als erfolgreiche Autorinnen, verbargen sie sich hinter einem Pseudonym. Ihre Romane *Der Professor, Jane Eyre, Shirley, Villette* (C.B.), *Sturmhöhe* (E.B.), *Agnes Grey, Die Herrin von Wildfell Hall* (A.B.) sind bei Insel, Manesse und Reclam erschienen; ihre Biographie *Das Leben der Brontës* von Elsemarie Maletze bei der Frankfurter Verlagsanstalt und als Fischer Taschenbuch.

George Eliot (Mary Anne Evans) (1819 – 1880) war neben Charles Dickens die erfolgreichste englische Autorin in der zweiten Hälfte des 19. Jahrhunderts. Nach intensiver und schlecht bezahlter Arbeit als Übersetzerin aus dem Deutschen (Strauß, Feuerbach) und Redakteurin, verkaufte sich ihr erster Roman glänzend. Obwohl ihre wilde Ehe mit George Henry Lewes sie zu einer sozial geächteten Person machte, stieg sie zu einer hoch verehrten Literatin und moralischen Instanz auf. Auf Deutsch sind ihre Romane *Adam Bede, Die Mühle am Floss, Middlemarch, Daniel Deronda, Silas Marner* bei Reclam und Manesse erschienen. Bei Insel liegt *George Eliot – Ihr Leben* von Elsemarie Maletzke vor.

Heinrich VIII. (1491 – 1547), einziger überlebender Sohn von Heinrich VII. und Elizabeth von York, regierte ab 1509. Seine erste Frau, Katharina von Aragon, mit der er 24 Jahre verheiratet war, gebar sechs Kinder, von denen nur die Tochter Mary überlebte. Heinrich erzwang die Scheidung gegen den Willen des Papstes, brach mit der katholischen Kirche und konfiszierte die Klöster. Seine zweite Ehe mit Anne Boleyn dauerte nur drei Jahre. Ihr entstammte die Tochter Elizabeth, die nach den kurzen Regierungszeiten von Heinrichs Sohn Edward VI. (bis 1553) und der »blutigen« Mary (bis 1558), die Heinrichs Zerschlagung der katholischen Kirche mit der Verfolgung der Protestanten ahndete, seine höchst erfolgreiche Nachfolgerin wurde (bis 1603). Anne wurde 1536 wegen (unbewiesenen) Ehebruchs hingerichtet. Ihre Nachfolgerin war Jane Seymour, die den ersehnten Erben gebar und 1537 starb. Die Ehe mit Anna von Kleve, die Heinrich aus politischer Raison einging, wurde nie vollzogen. Man heiratete und trennte sich 1540. Noch im gleichen Jahr ehelichte der König Catherine Howard, die 18 Monate später wegen Ehebruchs unter dem Beil starb. Seine sechste Frau war Catherine Parr, die seinen arg herumgestoßenen Töchtern Mary und Elizabeth in den vier Jahre bis zu Heinrichs Tod eine liebevolle Stiefmutter war. Nach dem Tod des Königs heiratete sie ihre alte Liebe, Lord Seymour auf Sudeley Castle, wo sie 1548 starb.

Sherlock Holmes. Der große dürre Mann mit den scharfen Augen, der Adlernase und dem Basiliskencharme, der Meisterdetektiv, Violinspieler, viktorianische Junkie, Freak und Gentleman mit Wohnsitz in 221B Baker Street hatte seinen ersten Auftritt 1887 in *Eine Studie in Scharlachrot.* Die weltweite Popularität begründete sein Autor, Sir Arthur Conan Doyle jedoch erst mit der Serie Die *Abenteuer des Sherlock Holmes* im *Strand Magazine.* Nach wenigen Jahren seines Helden überdrüssig geworden, ließ Doyle ihn in der Schweiz im Zweikampf mit dem Erzverbrecher Moriarty die Reichenbachfälle hinabstürzen. Stürmische Publikumswünsche und unwiderstehliche Honorarangebote ließen Holmes und seinen Adlatus Dr. Watson jedoch wieder auferstehen. Doyle starb 1930; daß sein Detektiv unsterblich bleibt, dafür sorgt unter anderem die Sherlock Holmes Society of London mit ihren amüsanten und leicht hirnrissigen Studien zu Leben und Werk eines Mannes, der nie gelebt hat. (Als überaus hilfreich bei dem Thema haben sich erwiesen: Guy Warrack *Sherlock Holmes and Music,* Faber and Faber, sowie die gesammelten Sherlock-Holmes-Erzählungen, Zürich 1984 – 1987.)

Nachweise

Die Texte wurden zum größten Teil überarbeitet und aktualisiert.

Sehnsucht nach der Insel (*Brigitte* 10/1994)

»Falls Du den Schneid hast, den Speicher zu betreten« – Humberside und Yorkshire (*Frankfurter Rundschau*, 13. November 1993)

Englands goldiges Herz – Die Cotswolds (*Frankfurter Rundschau*, 2. Juli 1994)

Sie finden mich im Langham – London (*Frankfurter Rundschau*, 16. März 1991)

Die alte Räucherkammer – Edinburgh (*Die Zeit*, 4. Dezember 1992)

Falke, Golf und Käsekuchen – Gleneagles Hotel/Pertshire (*Erstdruck*)

Willkommen bei den Käuzen – Irland (*Merian*, August 1990)

Rettet die Adresse! – Dublin (*Frankfurter Rundschau*, 3. April 1992)

Wird hier etwas frei? – West Cork (*Frankfurter Rundschau*, 3. Juni 1989)

Die Jungfer mit den Vogelaugen – Jane Austen (*Die Zeit*, 21. August 1992)

Zwei Hunde für Emily – Die Brontës und ihre Gesellschaft (*Die Zeit*, 2. Juli 1993)

Nuneaton revisited – George Eliot (*Die Zeit*, 20. Dezember 1991)

Ein König zum Fürchten – Heinrich VIII. (*Die Zeit*, 26. September 1991)

Tra-la-la-lira-lira-lay – Sherlock Holmes/Madingley Hall bei Cambridge (*Die Zeit*, 7. Oktober 1994)